Annette Dreier

Was tut der Wind, wenn er nicht weht?

Annette Dreier

Was tut der Wind, wenn er nicht weht?

Begegnungen mit der Kleinkindpädagogik in Reggio Emilia

5. vollständig überarbeitete und aktualisierte Auflage

Beltz Verlag · Weinheim und Basel

BELTZ

Ihre Wünsche, Kritiken und Fragen richten Sie bitte an:
Verlagsgruppe Beltz, Verlagsbereich Frühpädagogik,
Werderstraße 10, 69469 Weinheim

ISBN 13: 978-3-407-56214-2
ISBN 10: 3-407-56214-4

5. Auflage 2006

06 07 08 09 10 6 7 8 9 10

Planung und Konzept: Ulrike Bazlen, Weinheim
Lektorat: Katrin Sauer, Weinheim
Herstellung: Anja Kuhne, Leipzig
Satz: Markus Schmitz, Büro für typographische Dienstleistungen, Münster
Druck und Bindung: Druck Partner Rübelmann GmbH, Hemsbach
Umschlaggestaltung: glas ag, Seeheim-Jugenheim
Titelfotografie: Getty Images
Fotos Innenteil: siehe Abbildungsverzeichnis (S. 7)
Illustrationen: Reggio Children
Printed in Germany

Weitere Informationen finden Sie im Internet unter
www.beltz.de und www.kleinundgross.de

Inhalt

Abbildungsverzeichnis

Die in diesem Buch geäußerten Ansichten zeigen, wie der Autor die Philosophie und Praxis der städtischen Einrichtungen für Kinder und Kleinkinder sowie der Vorschulen in der Reggio Emilia auslegt. Der Inhalt dieser Publikation wurde weder vom Magistrat der Reggio Emilia noch von der „Reggio Children in Italien" offiziell abgenommen und spiegelt somit nicht die Ansichten und Auffassungen dieser Organisationen wider.

The views expressed in this publication are those of the author representing her own interpretation of the, philosophy and practices of the Municipal Infant-toddler Centers and Preschools of Reggio Emilia. The content of this publication has not been officially approved by the Municipality of Reggio Emilia nor by Reggio Children in Italy; therefore it may not reflect the views and opinions of these organizations.

REGGIO CHILDREN s.r.l. – Via Bligny I/A – 42100 Reggio Emilia – Italia
www.reggiochildren.it

Vorwort

Was tut der Wind, wenn er nicht weht?

Sich selbst diese Frage zu stellen, kann uns als Erwachsene im ersten Augenblick verunsichern. Manche Antwort auf diese Frage ist uns verloren gegangen oder sie ist unserer Sprache verloren gegangen.

Doch die Frage „Was tut der Wind, wenn er nicht weht?" kann uns im zweiten Moment neugierig stimmen, und uns gedanklich verführen in die Zeiten der eigenen Kindheit. Da kannten wir diese Frage, und wir kennen sie heute von unseren Kindern. Es ist die Frage nach dem Authentischen in uns selbst, nach dem Sinnhaften unseres Weltbildes. Von wem erfahren wir etwas über diese Zusammenhänge? Natürlich von den Kindern.

Kinder leben in diesem Authentisch-Sein mit ihrer eigenen Qualität von Weltsicht, die letztlich nie falsch oder unvollständig ist, aber sie verdolmetschen es nicht in unsere Erwachsenensprache.

Ein drittes Moment steckt als Herausforderung für uns Erwachsene in dieser Frage. Wir müssen unser Wissen und unsere Erkenntnisse über die Zusammenhänge von Politik, Erziehung, Kultur und Bildung sowie die wachsenden sozioökonomischen Schwierigkeiten neu untersuchen und auf ihre Auswirkungen auf die Kindheit heute beziehen.

Das Buch „Was tut der Wind, wenn er nicht weht?" hat in sich Fragen, Sichtweisen und Vergewisserungen für Kinder, die authentisch bleiben sollen, und birgt in sich Einsichten für den Erwachsenen zu einer Erziehung durch Faszination.

Ingrid Schult
Bildungsreferentin Paritätisches Bildungswerk
Bundesverband e. V.

Einladung an die Leser

Italien ist ein Land, das viele Sehnsüchte weckt. Aufgrund seines Klimas, seiner Kultur und der mediterranen Heiterkeit seiner Bewohner scheint es vielen Reisenden, als sei das Leben dort angenehmer, leichter und lichter als in anderen Regionen. Vor allem Besucher aus Deutschland tragen eine sehnsüchtig-romantische Vorstellung über das Land „wo die Zitronen blühn“ in sich und werden von diesem Bild zu ihren Italienischen Reisen inspiriert.

Neben den Landschaften, den Kunstwerken und kulinarischen Besonderheiten Italiens scheint es für bundesdeutsche Besucher in jüngerer Zeit eine weitere Attraktion zu geben: Eine pädagogische Konzeption, entwickelt und praktiziert mit Vorschulkindern in der Stadt Reggio Emilia, ist Anlass zahlreicher Bildungs- und Forschungsaufenthalte für Reisende in Sachen Pädagogik. In dieser norditalienischen Stadt gibt es die schönsten Krippen und Kindergärten der Welt, so befindet die amerikanische Zeitschrift Newsweek und verleiht ihnen 1991 einen Oscar für eine Pädagogik, die den vielerorts üblichen Vorstellungen zur Kindererziehung neue und außergewöhnliche Ideen entgegensetzt. Einjährige Kinder experimentieren dort an Staffeleien mit Farben und Formen, Dreijährige erkunden das Wesen und Wirken von Computern und Fünfjährige philosophieren über das Phänomen des Schattens: „Der Schatten ist wie ein Abend, der kommt, wenn die Sonne scheint.“

In den kommunalen Kindereinrichtungen der Stadt Reggio Emilia wurde eine Konzeption entwickelt, die die Wege und die Kreativität von Kindern beim Erforschen ihrer Umwelt ernst nimmt und unterstützt. „Ein Kind hat hundert Sprachen“ sagen die Pädagogen in Reggio und meinen damit, dass jedes Kind auf eigene und kreative Weise seinen Eindrücken über die Welt Ausdruck verleiht. Eine Ausstellung über die Wahrnehmungs- und Ausdrucksfähigkeiten von Kindern im Vorschulalter machte die reggianische Konzeption in den letzten zwanzig Jahren weltweit bekannt. Mit dem Titel „Das Auge schläft, bis es der Geist mit einer Frage weckt“ vermittelte diese Präsentation auf beeindruckende Art, wie Kinder ihre Umwelt wahrnehmen, begreifen und diese Erfahrungen mit ihren Sprachen wiedergeben. Vielfarbige Bilder, Collagen, filigrane Objekte sowie Licht- und Schattengraphiken boten Einblicke in die kindlichen Vorstellungswelten und ihre gestalterischen Fertigkeiten. Neugierig geworden durch die Werke der Kinder besuchten Pädagogen aus aller Welt Reggio Emilia, das ‚Mekka‘ der Pädagogik, wie die Bewohner ihre Stadt heute bereits nennen, um die Praxis der Kindereinrichtungen kennenzulernen. Ihre begeisterten Schilderungen führten in vielen Ländern dazu, dass bestehende Ansätze zur Kindererziehung revidiert und praktische Veränderungen initiiert wurden. Inzwischen gilt die Reggio-Pädagogik vielerorts als Synonym für neue und ungewöhnliche Wege in der öffentlichen Kindererziehung.

Was ist nun so faszinierend an dieser Konzeption, dass Erzieherinnen in Boston, Barcelona, Berlin und Frankfurt/Oder beginnen, ihre Kindergärten à la Reggio umzugestalten? Worin liegt der Reggio-Boom begründet, der immer wieder Ausdruck findet in Ausstellungen, Fachtagungen und Seminaren zum Thema ‚Reggio‘?

„Kinder sind – ebenso wie Dichter, Musiker und Naturwissenschaftler – eifrige Forscher und Gestalter. Unsere Aufgabe besteht darin, die Kinder bei ihrer Auseinandersetzung mit der Welt zu unterstützen, wobei all ihre Fähigkeiten, Ausdrucksweisen und Kräfte eingesetzt werden.“

Mit diesen Worten beschreibt Loris Malaguzzi, Begründer der Reggio-Pädagogik und langjähriger Leiter der dortigen Kindereinrichtungen, die wesentlichen Zielsetzungen der

Konzeption. Kinder bei ihrer Auseinandersetzung mit der Welt zu unterstützen, heisst für die Pädagogen in Reggio, sie weder mit festen Lern- und Förderprogrammen zu konfrontieren, noch sie bei ihren Erkundungen und Lernschritten allein zu lassen. Vielmehr folgen die Erwachsenen den Interessen der Kinder und begleiten sie auf ihren Wegen des Forschens und Lernens. Wenn beispielsweise Kinder nach einem Regenschauer die Welt in einer Pfütze entdecken, experimentieren sie mit Erzieherinnen und Kunstpädagogen in den Ateliers der Kindergärten mit vielfältigen Materialien, um dem Phänomen der Welt, die auf den Kopf gestellt scheint, auf die Spur zu kommen.

Kindererziehung ist nach Aussagen der Pädagogen in Reggio nicht Sache einzelner, sondern eine gemeinschaftliche Aufgabe. Demzufolge arbeiten seit vielen Jahren in den Krippen und Kindergärten Erzieherinnen, Eltern, Künstler, Wissenschaftler, Bürger und Kommunalpolitiker zusammen. Durch diese langjährige und kontinuierliche Zusammenarbeit besteht eine enge Verbindung zwischen den Formen der öffentlichen Erziehung und dem sozialen Leben der Stadt Reggio. In dem Zusammenwirken von Kultur, Politik und Pädagogik liegt ein wesentliches Ziel der Reggio-Pädagogik. Sie ist demzufolge mehr als eine reine Didaktik oder Technik zum ‚besseren' Umgang mit Kindern, denn sie stellt ihre pädagogischen Zielsetzungen in einen engen Zusammenhang zu den politischen und kulturellen Gegebenheiten. Im Hinblick auf die gesellschaftlichen Entwicklungen verändert sich auch die Reggio-Pädagogik: Mit Hilfe unterschiedlicher Theorien entwickeln Erzieherinnen und Wissenschaftler Ideen, überprüfen sie in der Praxis und modifizieren ihr Handeln, um Kindern anregende Erfahrungsräume anzubieten. Aktuelle Themen wie beispielsweise die Veränderungen der Lebenssituation von Kindern und Eltern, ökologische Fragen oder Aspekte einer Friedenserziehung werden aufgegriffen und regen zu neuen Wegen der pädagogischen Praxis an. In diesem spannungsvollen Wechselspiel von Erkenntnis und Suche, in dem Mut und dem Willen zur Veränderung, liegt sicherlich ein Teil der Faszination begründet, der viele Reggio-Besucher erliegen.

Den Gründen dieser Faszination und der vielerorts aufgetretenen Reggio-Euphorie genauer nachzugehen, ist Anliegen dieses Buches. Es stellt die Frage nach den Besonderheiten des Modells und verdeutlicht sein Entstehen in einem kulturhistorischen Rückblick. Anhand vieler Beispiele aus der reggianischen Praxis werden anschließend Aspekte aufgezeigt, die auch hierzulande zu neuen Formen der Kindererziehung beitragen können.

Bei der Frage, was wir von Reggio lernen können, geht es allerdings nicht um einen Import dieser Konzeption oder um neue Rezepte für die hiesige Erziehungspraxis. Vielmehr wird der grundsätzlichen Frage nachgegangen, unter welchen Bedingungen Kinder heute aufwachsen und wie sie im Rahmen von Krippen und Kindergärten hinsichtlich ihrer Rechte, ihrer Bedürfnisse und Fähigkeiten eine angemessene Unterstützung erfahren können.

Auf diese Weise soll dem Mythos Reggio, zu dem die begeisterten Schilderungen vieler Reggio-Besucher hierzulande beitrugen, eine genauere Analyse der Theorie und Praxis der Reggio-Pädagogik entgegengesetzt werden. Zugegeben: Auch die vorliegenden Beschreibungen sind von einer positiven Bewertung der Arbeit in Reggio geprägt, mein Ziel ist jedoch, vereinfachte Idealisierungen zu vermeiden und umfassendere Kenntnisse über die tatsächlichen Inhalte und Wege des reggianischen Modells zu vermitteln. Häufig ist nämlich der Blick auf die Reggio-Pädagogik durch klischeehafte und romantische Vorstellungen über ‚die Italiener' oder das Leben in Italien verstellt. Verkannt werden hierbei allzuoft die äußerst widersprüchlichen Wirklichkeiten, die dieses Land und somit auch die Stadt Reggio Emilia prägen.

Italien ist seit seinem Bestehen von Widersprüchen gekennzeichnet. Beispielsweise blicken die Bürger Italiens seit Kriegsende auf mehr als 40 Regierungen zurück, und die politischen Strukturen und Koalitionen sind erheblichen Schwankungen unterworfen. Zudem spaltet der Gegensatz zwischen dem reichen, industrialisierten Norden und dem ärmeren, von archaischen Strukturen geprägten Süden bis heute das Land in zwei Teile. Ein weiterer Dualismus Italiens liegt in der historischen Gegnerschaft zwischen Kirche und Staat. Fast alle Bewohner des Landes gehören der katholischen Kirche an, und dennoch werden viele Regionen von einer kommunistisch-sozialistischen Koalition regiert. Zu diesen, in unseren Augen unvereinbaren Widersprüchen gesellen sich weitere, die vor allem das Alltagsleben der Menschen betreffen. Fast nirgendwo in Europa findet sich eine derartig komplexe Bürokratie wie in Italien, die für alle alltäglichen Entscheidungen umfangreiche Formalitäten vorsieht und das Leben eher komplizierter als einfacher macht. Aus diesem Grund werden allerdings die meisten Vorgaben umgangen: Italienische Bürger, die *in regola* leben, gibt es kaum, sie entwickeln vielmehr ihre eigenen Strategien zur Alltagsbewältigung. Hieraus wird oftmals das Vorurteil abgeleitet, in Italien gäbe es eine kulturelle Tendenz zur Korruption. Aufgrund der sozio-ökonomisch brüchigen Struktur des Landes, beispielsweise sind Arbeitsplätze, medizinische Untersuchungen oder wichtige Dokumente häufig nur durch ‚Gefälligkeiten' zu erhalten, müssen sich jedoch die meisten Bürger gegen ihren Willen an der täglichen Kleinkorruption beteiligen. Viele Italiener finden sich allerdings auf recht pragmatische Art mit den Problemen und Widersprüchen ihres Lebens ab. Gestützt auf die weitverbreitete Haltung und Fähigkeit des *arrangiarsi*, etwa zu übersetzen mit ‚sich arrangieren', ist es ihnen möglich, sich mit den jeweiligen Gegebenheiten einzurichten. Der Begriff *arrangiarsi* meint aber auch, ‚sich zu helfen wissen'. In dem Wechsel von Anpassung und Non-Konformismus, in der Spannung von Ordnung und Chaos regelt sich somit das Alltagsleben vieler Italiener. In dieser Hinsicht bringen sie eine Eigenschaft mit, die – entgegen allen nationalen Klischees – ausnahmsweise als ‚typisch italienisch' bezeichnet werden kann: Viele Italiener leben nach dem Prinzip des ‚sowohl-als-auch', d. h. ihre unterschiedlichen Meinungen, Ideen oder politischen Auffassungen stehen sich nicht als unvereinbare Pole gegenüber, sondern im Hinblick auf die Erfordernisse verschiedener Situationen verschieben sich ihre Positionen, und Koalitionen werden eingegangen. Diese *doppiezza*, gemeint ist eine Art ‚Doppelstrategie', findet sich sowohl in der großen Politik als auch im Alltagsleben wieder und weist auf den wenig dogmatischen Umgang mit Widersprüchen seitens vieler Bewohner des Landes hin.

Auch in Reggio Emilia ist das Prinzip des ‚sowohl-als-auch' erkennbar. Mit dem Ziel, Kinder angemessen zu unterstützen und auf diese Weise ihre Lebenssituationen zu verbessern, verbindet sie eine gesellschaftliche Utopie mit neuen und ungewöhnlichen Ideen zur Kindererziehung. „Veränderungen sind möglich und anstrebenswert": Mit dieser Aussage beschreiben die Pädagogen in Reggio ihre Haltung gegenüber der Arbeit in Krippen und Kindergärten, eine Arbeit, die sich demzufolge in einem lebendigen Prozess des Werdens weiterentwickelt.

Wie ist nun dieses Werden und die Lebendigkeit des pädagogischen Alltags in Reggio im Rahmen des vorliegenden Buches zu erfassen? Diese Frage ist insofern von Belang, als nach Ansicht der Reggianer auch in der Pädagogik alles mit allem auf dialektische Weise verbunden ist. Eine strenge Systematik im klassischen Sinn, d. h. erst die Theorie, dann die

Praxis, dann die Ableitungen und Schlussfolgerungen für die hiesige Fachwelt, wird der Reggio-Pädagogik demnach nicht gerecht. In ihrer Praxis sind die Geschichte der Konzeption, die Entwicklung neuer Ideen, das Handeln und die Reflexion auf das engste miteinander verknüpft. Im Hinblick auf diese Verknüpfung soll dieses Buch als eine Begegnung und Annäherung verstanden werden. In Form einer Reise stellt es die ersten Eindrücke und Besonderheiten aus Reggio vor, angeregt von Fragen aus der Praxis wirft es dann einen Blick auf die Grundsätze dieser Konzeption sowie ihre historischen Wurzeln, um sich dann dem Hier und Jetzt der Erziehung, d. h. den Krippen und Kindergärten der alten und neuen Bundesländer, zuzuwenden. Die Grundlagen dieser Reise bilden Interviews mit Erzieherinnen, Eltern, Künstlern und Politikern aus Reggio, teilnehmende Beobachtungen der dortigen Praxis, die Lektüre der italienischen Forschungsliteratur sowie Erfahrungen aus zahlreichen Fortbildungen zum Thema Reggio.

Seit 1985 hatte ich vielfach Gelegenheit, die Theorie und Praxis vor Ort in Reggio Emilia kennenzulernen. In dieser Zeit veränderten sich meine Blickwinkel, Fragen, Schwerpunkte und Einschätzungen, d. h. die Veränderungen in Reggio prägten im wesentlichen Maße meine Haltungen zu den Möglichkeiten der öffentlichen Kindererziehung. Was sich in dieser Zeit allerdings nicht verändert hat, ist die große und stets freundliche Unterstützung, die ich von Seiten der Erzieherinnen, der pädagogischen Berater und der Eltern in Reggio erfahren habe. An dieser Stelle möchte ich allen Menschen und Freunden dort meinen herzlichsten Dank für ihre Bereitschaft und Offenheit gegenüber all meinen Fragen und Vorhaben aussprechen. In besonderem Maße und stellvertretend für alle, die mir in Reggio zur Seite standen, sei hier Loris Malaguzzi, Carla Rinaldi, Evelina Reverberi, Sonia Cipolla, Vea Vecchi und Carla Nironi gedankt.

An dieser Stelle möchte ich zu den gewählten Bezeichnungen für die Mitarbeiterinnen der Krippen und Kindergärten anmerken, dass dort hauptsächlich Frauen tätig sind – also Erzieherinnen –, die im folgenden auch so benannt werden. Bei den Berufsgruppen, in denen Frauen und Männer gleichermaßen arbeiten, habe ich mich für die kürzere männliche Bezeichnung entschieden. Dies geschieht nicht in diskriminierender Absicht, sondern entspricht meinem persönlichen Sprachempfinden und soll der Vermeidung unnötig komplizierter Satzstrukturen dienen.

Italienische Begriffe stehen kursiv uund werden im Text ausführlich erklärt. Im Glossar können die wichtigsten Begriffe und ihre Bedeutung nachgeschlagen werden.

Annette Dreier
Berlin Januar 2006

Ein Kind ist aus hundert gemacht
Ein Kind hat
hundert Sprachen
hundert Hände
hundert Gedanken
hundert Weisen zu denken
zu spielen und zu sprechen.
Immer hundert Weisen
zuzuhören
zu staunen und zu lieben
hundert Weisen zu singen und zu verstehen
hundert Welten
zu entdecken
hundert Welten
zu erfinden
hundert Welten
zu träumen.
Ein Kind hat hundert Sprachen
doch es werden ihm neunundneunzig geraubt.
Die Schule und die Umwelt trennen ihm den Kopf vom Körper.
Sie bringen ihm bei
ohne Hände zu denken
ohne Kopf zu handeln
ohne Vergnügen zu verstehen
ohne Sprechen zuzuhören
nur Ostern und Weihnachten zu lieben und zu staunen.
Sie sagen ihm, dass die Welt bereits entdeckt ist
und von hundert Sprachen rauben sie dem Kind neunundneunzig.
Sie sagen ihm
dass das Spielen und die Arbeit
die Wirklichkeit und die Phantasie
die Wissenschaft und die Vorstellungskraft
der Himmel und die Erde
die Vernunft und der Traum
Dinge sind, die nicht zusammengehören.
Sie sagen also, dass es die hundert Sprachen nicht gibt.
Das Kind sagt: „Aber es gibt sie doch."

Loris Malaguzzi, Reggio Emilia 1985
(übersetzt von A. Dreier)

Reggio Emilia:
Die Stadt, die Region und die vorschulische Erziehung

1

„Erziehung ist eine produktive Investition, und kein Land der Welt kann es sich leisten, auf diese Investition zu verzichten.“
(Sergio Spaggiari 1990)

Villa Cella, ein Vorort von Reggio Emilia, im April 1945: Der Krieg ist gerade beendet, und große Teile der Stadt sind zerstört. Bei ersten Aufräumungsarbeiten entdecken Männer und Frauen in den Ruinen einen Panzer. Sie zerlegen ihn und verkaufen die Einzelteile auf dem Schwarzmarkt. Gemeinsam entwickelt die Gruppe Vorschläge, wie der Erlös verwendet werden soll. In einer Abstimmung setzt sich schließlich die Idee der Frauen durch: *„Wir wollen eine Stätte für Kinder bauen. Die beste Antwort auf einen Krieg ist ein Kindergarten, in dem wir eine neue Generation und uns selbst erziehen"* (vgl. Assessorato Alle Scuole Dell'Infanzia E Nidi Comunali Di Reggio Emilia 1985; Bauer 1992). So beginnen die Arbeiten an dem ersten Volkskindergarten, dem *asilo del populo*, in Villa Cella. Ohne finanzielle Unterstützung und ohne Fachwissen, jedoch mit viel Engagement ist die gesamte Dorfbevölkerung an dem Aufbau des neuen Kindergartens beteiligt. Ein Modell für diese Form einer gemeinschaftlichen Erziehung gibt es bisher in Italien nicht, und in zahlreichen Diskussionsrunden wird immer wieder die Frage erörtert: Wohin wollen wir unsere Kinder nach dem Krieg erziehen? Nicht allein ein neues Haus soll Stein für Stein entstehen, auch neue Erziehungsziele wollen die Eltern für das *asilo del populo* finden und verwirklichen, um den Erfahrungen des Faschismus demokratische Erziehungsformen entgegenzusetzen. Bald schon können die ersten Kinder aufgenommen werden, und zwei Erzieherinnen betreuen sie zunächst unentgeltlich. Versorgt werden sie von den Bewohnern von Villa Cella, die Nahrung, Kleidung und Spielzeug in ihren Kindergarten bringen, der schnell zum Zentrum für Kinder und Erwachsene wird.

Nachrichten über diese Initiative erreichen in Reggio Emilia einen jungen Grundschullehrer. Die Vorstellung, dass Laien ohne Mittel und Unterstützung einen Kindergarten bauen, interessiert ihn, und so macht er sich mit dem Rad auf den Weg nach Villa Cella. Fasziniert von dem Engagement der Bevölkerung und ihrer Arbeit an dem *asilo del populo* bleibt er dort, protokolliert den Prozess des Aufbaus sowie die Anfänge der Kinderbetreuung und erstellt eine Dokumentation über diese Initiative. So beginnt die Zusammenarbeit des jungen Lehrers mit Namen Loris Malaguzzi und den Bürgern aus Villa Cella. Heute ist Loris Malaguzzi vielen als Begründer der Reggio-Pädagogik bekannt, und über lange Jahre leitete er die kommunalen Kindereinrichtungen in Reggio Emilia.

„Die Frauen in Villa Cella wurden zu den eigentlichen Protagonisten einer neuen Erziehung für Kinder, die bisher nicht in den hohen Schriften der Pädagogik verzeichnet war, weil sie vor allem den Dialog und die Kommunikation in den Mittelpunkt stellte und zusammenfügen wollte, was sonst in den Kindergärten getrennt war: das Kind, seine Familie und seine Umgebung“ (Malaguzzi 1985, S. 5)

Der 1945 errichtete Volkskindergarten existiert noch heute. Im Eingangsbereich der kommunalen *scuola dell'infanzia* mit dem Namen *XXV Aprile*, dem Tag des Kriegsendes in Italien, befindet sich eine Gedenktafel, die an die Elterninitiative von damals erinnert. Will man die Anfänge der Reggio-Pädagogik datieren, so kann die Arbeit in Villa Cella als eigentlicher Beginn dieses inzwischen weltweit bekannten Modells angesehen werden. Das Engagement von Eltern und Bürgern für die Zukunft ihrer Kinder und ihr Wunsch, den Zerstörungen des Krieges lebensbejahende und neue Erziehungsformen entgegenzusetzen, ist der Grundstein des pädagogischen Konzeptes, das im Verlauf vieler Jahre in Reggio entwickelt wurde. Der Dialog und Austausch über Formen und Inhalte der Kindererziehung begann 1945 und ist noch heute Grundlage des Projektes. Somit waren und sind an der Gestaltung und

Umsetzung dieser Konzeption stets viele Menschen beteiligt, und nur durch das Zusammenwirken von engagierten Eltern, phantasievollen Pädagogen und reformwilligen Kommunalpolitikern konnte die Reggio-Pädagogik überhaupt entstehen und wachsen.

Dass die öffentliche Kindererziehung nicht Sache einzelner, sondern vielmehr eine gemeinschaftliche Aufgabe ist, gilt auch heute als wesentlicher Grundsatz der Konzeption in Reggio. Eingelöst wird dieser Anspruch auf eine gemeinsam getragene Verantwortung für Kinder durch die kollektive Leitungsform der kommunalen Kindereinrichtungen. Eltern, Erzieherinnen, Berater und Bürger der Stadt planen und gestalten zusammen die pädagogische Arbeit. Ihre Interessen, Bedürfnisse und Kompetenzen fließen ein in die Inhalte und Arbeitsweisen der Krippen und Kindergärten, die somit ihrer Aufgabe als familienunterstützende Institutionen auch tatsächlich entsprechen. Sowohl über Öffnungszeiten und Tagesabläufe als auch über pädagogische Themen und Projekte wird in dem Leitungsgremium gemeinsam beraten und entschieden, darüber hinaus wirken die Familien am Alltag der Krippen und Kindergärten aktiv mit. Die vielerorts übliche Polarisierung zwischen Familienerziehung auf der einen und öffentlicher Erziehung auf der anderen Seite wird in Reggio demzufolge nicht aufgebaut, sondern durch die enge Zusammenarbeit zwischen Familien, Kindereinrichtungen und städtischen Institutionen werden alle Lebensbereiche von Kindern als wichtig anerkannt und im Sinne ihrer möglichst kontinuierlichen Lebenserfahrung ernst genommen.

In dieser engen Verbindung von familialer und öffentlicher Erziehung liegt eine der Besonderheiten der Reggio-Pädagogik. Der langjährige Austausch zwischen Eltern, Bürgern und Erzieherinnen, gleichermaßen als Voraussetzung und Ziel der pädagogischen Arbeit definiert, hat in Reggio Emilia seine Spuren hinterlassen. Die kommunalen Krippen und Kindergärten sind nicht allein Orte für Kinder, sondern generationsübergreifende Treffpunkte für die gesamte Bevölkerung und somit tragende Stätten des öffentlichen und kulturellen Geschehens. Eine solch enge Verflechtung des sozialen Lebens innerhalb eines Ortes mit den Formen der öffentlichen Erziehung ist in Italien keine Selbstverständlichkeit, sondern zurückzuführen auf die politischen, wirtschaftlichen und kulturellen Besonderheiten der Stadt Reggio. Schauen wir uns ihre Entwicklung seit Kriegsende nun genauer an, denn die Wege der öffentlichen Kindererziehung sind in dieser Stadt untrennbar verknüpft mit ihrer sozialen und politischen Wirklichkeit.

1.1 Die Entwicklung der Stadt seit 1945: Eine politische Standortbestimmung

Reggio Emilia zählt zu den reichsten Kommunen Italiens. Ihr Reichtum liegt in den vielfältigen kulturellen Angeboten – das Ballett, die Oper und das Theater genießen landesweite Achtung – und gilt ebenso für die ökonomische Situation. Gut funktionierende landwirtschaftliche Betriebe, wie in der gesamten Region Emilia Romagna vorwiegend in Genossenschaften organisiert, und eine florierende Kleinindustrie bilden die Grundlage des wirtschaftlichen Wohlstandes. Berechnet nach Pro-Kopf-Einkommen, lag Reggio Emilia bereits 1986 an vierter Stelle der Einkommensskala Italiens. Die 130 000 Einwohner der Stadt gehören somit zu den Reichsten des Landes, ihre politische Haltung hingegen ist in Italien historisch als linksorientiert bekannt. Viele Zeichen weisen in Reggio auf den aktiven Widerstand der Bevölkerung gegen Nationalsozialisten und Faschisten während des Zweiten Weltkrieges hin. Fast alle Familien können von Aktivitäten in der resistenza berichten, und zahlreiche Mahnmale erinnern an die Massaker der Deutschen, die nach Sabotageakten der Widerstandsgruppen ganze Dörfer in dieser Region auslöschten. Diese Tradition des Widerstandes, politisch organisiert in der Kommunistischen Partei (ehedem PCI, heute PDS) und der Sozialistischen Partei (PSI), drückt sich auch im Wahlverhalten der reggianischen Bevölkerung aus, denn seit Kriegsende wird Reggio, abgesehen von wenigen Unterbrechungen, von einem kommunistischen Stadtrat regiert. Zu diesem vermeintlichen Widerspruch, einerseits verstehen sich die Bewohner Reggios als Kommunisten, andererseits sind sie wohlhabend und führen ein durchaus konsumorientiertes Leben, gesellt sich eine weiterer: Viele Kommunisten der Stadt bezeichnen sich als gläubige Katholiken. Für unser Politikverständnis scheinen diese Verflechtungen außerordentlich paradox, und so bedarf das Phänomen der ‚reichen, katholischen Kommunisten' einer Erklärung. Hierbei ist ein historischer Rückblick hilfreich, der aufzeigt, wie in dieser Stadt und in der gesamten Region sozialistische Ideen und Utopien mit kapitalistischen Strukturen zusammenwachsen konnten.

1.2 Die Emilia Romagna

Die Stadt Reggio Emilia liegt in der Region Emilia Romagna, eine der 21 Regionen des Landes, die in Italien traditionell als ‚rote Region' gilt. Hier wurden um die Jahrhundertwende die Kommunistische und die Sozialistische Partei gegründet, hier nahmen die Arbeiter- und Gewerkschaftsbewegungen ihren Ausgang, und während des Zweiten Weltkrieges war die Emilia Romagna ein Zentrum der Widerstandsbe-

wegung gegen die Nationalsozialisten. Darüber hinaus ist die Emilia Romagna das Land von Don Camillo und Peppone. Diese gelungene literarische Karikatur des Kampfes zwischen einem katholischen Pfarrer und einem kommunistischen Bürgermeister um die Belange ihres Dorfes weist auf die langjährigen Auseinandersetzungen von Kirche und Kommunistischer Partei in dieser Region hin, die jedoch immer wieder den einen oder anderen pragmatisch motivierten Frieden schließen konnten. Rein politisch betrachtet scheint jedoch Peppone gewonnen zu haben. Die meisten Kommunen in der Emilia Romagna werden von einer kommunistisch-sozialistischen Koalition regiert, einer Bündnisform, die ihre sozialdemokratischen Zielsetzungen im Hinblick auf eine konkrete Utopie umzusetzen versucht. Insofern zielt vor allem die Kommunistische Partei in der Emilia Romagna seit dem sogenannten ‚Historischen Kompromiß' in den 60er Jahren auf eine bürgernahe und basisdemokratische Politikform ab. Diese politische Ausrichtung prägt das kulturelle und soziale Leben innerhalb dieser Region seit Kriegsende. Zudem findet sich gerade hier eine besondere Eigenart der norditalienischen Linken wieder, die ihre sozial ausgerichteten Ideale stets mit einem Bemühen um wirtschaftliche Produktivität verbinden. So ist die ‚rote Emilia' über ihre politische Haltung hinaus ebenso für ihre fortschrittliche Sozial- und Wirtschaftspolitik bekannt, die sie zu einem der reichsten und sozial orientiertesten Gebiete des Landes machte.

Erst 1970 wurde in Italien die Struktur der Regionen eingeführt mit dem Ziel, die bis dahin vorhandenen zentralistischen Regierungsformen aufzulösen zugunsten einer stärkeren Dezentralisierung politischer Entscheidungen. Die politisch moderate Regierung der ‚linken Mitte' maß den Regionen eine Schlüsselfunktion bei, indem sie auf der Grundlage wirtschaftlicher und administrativer Autonomie eigene Verfassungen erstellen können, die den Bedürfnissen der Bevölkerung entsprechen sollen.

Besonders gelungen ist die Umsetzung dieses Anspruches auf eine bürgernahe Politik in der Emilia Romagna, deren *modello emiliano* Vorbildcharakter für ganz Italien hat. Ihre Verfassung legt nämlich eine sozialorientierte Wirtschaftspolitik fest, in der die Versorgung der Bevölkerung mit sozialen Dienstleistungen wie Gesundheitszentren, Beratungsstellen und Bildungseinrichtungen garantiert wird. Zudem sind die meisten Betriebe in Genossenschaften, den sogenannten *cooperative*, organisiert, deren Anfänge in den 20er Jahren dieses Jahrhunderts liegen. Bauern der Region schlossen sich zusammen, um „gemeinsam arbeiten und gemeinsam gut leben" zu können. Nicht zuletzt aufgrund dieser bis heute funktionierenden Verbindung von Profitmöglichkeiten und sozialer Orientierung ist die Lebensqualität in der Emilia Romagna besonders hoch.

Zum *ben essere* der Bevölkerung tragen eine hohe Erwerbstätigenquote bei, ein gut funktionierendes Bildungs- und Gesundheitssystem sowie vielfältige soziale Einrichtungen für jung und alt. Vor allem im Vergleich zu den südlichen Regionen Italiens, dort kennzeichnen Arbeitslosigkeit, katastrophale Schul- und Gesundheitssysteme sowie eine weitreichende Korruption den Alltag der Menschen, lebt es sich gut in der Emilia Romagna. Doch auch gegenüber den anderen reichen Regionen des Nordens nimmt die ‚rote Emilia' eine Sonderstellung ein, und dies insbesondere aufgrund ihrer reformorientierten Bildungspolitik. Neben zahlreichen Ansätzen zur Schulreform sind vor allem die Projekte zur Öffnung der Psychiatrie Anfang der 70er Jahre bekannt, die in Triest durch Franco Basaglia ihren Ausgang nahmen, in der Emilia Romagna übernommen wurden und der Region über Italien hinaus Anerkennung einbrachten. *„Die Emilia*

Romagna ist mit Sicherheit die Gegend, wo die fortschrittlichste Sozialpolitik und (...) Kinderpädagogik von ganz Italien betrieben wird. Die Emilia Romagna ist die Forschungswerkstatt für den sozialen Bereich in ganz Italien" (Malaguzzi 1987, S. 13)

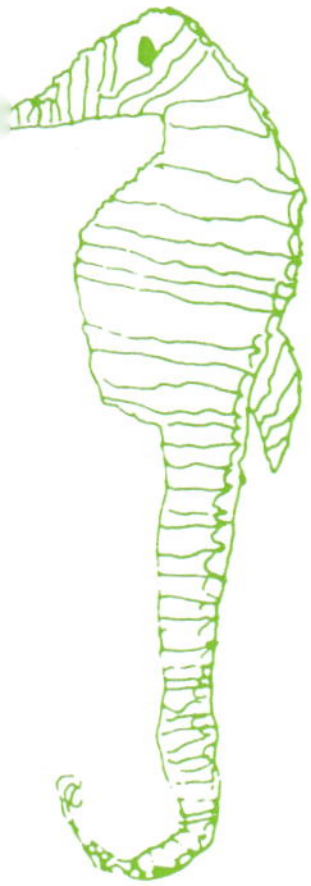

Seit Beginn dieses Jahrhunderts zeigen die Bewohner und Politiker der Emilia Romagna ein besonderes Engagement für die Belange der Kinder. So forderten bereits in den 20er Jahren Bürger und linke Parteien (hier vor allem PCI und PSI), dass Familien durch die Bereitstellung von Krippen und Kindergärten bei der Betreuung ihrer Kinder Unterstützung finden sollten, indem diese Einrichtungen kostenlos von den Kommunen bereitgestellt wurden. Provozierend waren diese Forderungen insofern, als bis dahin ausschließlich die katholische Kirche Träger von Kindereinrichtungen war und ihre religiösen Zielsetzungen den gesamten Erziehungsbereich bestimmten. Um diesem Erziehungsmonopol neue Strukturen entgegenzusetzen, sollten in den als familienunterstützende Dienste definierten Einrichtungen Kinder gemäß den sozialistischen Idealen zu Gleichheit, Demokratie und Solidarität erzogen werden (vgl. Cavina et al. 1983).

Vor allem Mütter, organisiert in zahlreichen Frauenverbänden, stritten in dieser Region für kindgemäße Betreuungsformen. Neben der Bereitstellung von Plätzen für die Kinder während ihrer Arbeitszeit forderten sie pädagogisch qualifizierte Einrichtungen. Eingelöst wurden diese Forderungen nach einer Politik für Kinder und ihre Familien in den 60er Jahren, als in der Emilia Romagna der Ausbau vorschulischer Institutionen begann. Auf das Engagement der Bevölkerung und die nachfolgenden politischen Entscheidungen ist es zurückzuführen, dass heute in der Emilia Romagna ein überdurchschnittlich hohes Angebot an Einrichtungen für Vorschulkinder zu verzeichnen ist: Ca. 20 Prozent der Null- bis Dreijährigen können dort eine Krippe besuchen, gegenüber einem nationalen Durchschnitt von nur ca. 5 Prozent, und in den Kindergärten finden 95 Prozent aller Drei- bis Sechsjährigen Aufnahme (vgl. Jacobini 1992). Diese im Vergleich zu Gesamtitalien besonders hohe Versorgungsziffer ist zum Teil auf die breite Frauenerwerbstätigkeit in der Region zurückzuführen, die einen Ausbau an Betreuungsplätzen für Kinder notwendig macht. Entscheidender ist jedoch die politische Haltung im Hinblick auf die öffentliche Erziehung, denn Krippen und Kindergärten gelten in der Emilia Romagna nicht als ‚Luxus' oder ‚Notbehelf', sondern vielmehr als *„Bedingung und Voraussetzung für das Wachsen der privaten und kollektiven Lebensqualität"* (Cavina et al. 1983, S. 161).

Hinsichtlich dieser Wertschätzung gegenüber der vorschulischen Erziehung unterscheidet sich die Emilia Romagna wesentlich von den übrigen Regionen des Landes. In vielen Teilen Italiens gelten insbesondere die Krippen noch immer als Notlösung für die Betreuung von Kindern – eine auch hierzulande bekannte Bewertung –, das Angebot an Betreuungsplätzen ist dort äußerst gering mit der Folge, dass berufstätige Frauen Mutterschaft und Beruf ohne öffentliche Unterstützung bewältigen müssen. In der Emilia Romagna hingegen werden Krippen und Kindergärten als wichtige Bestandteile des gesamten Erziehungs- und Bildungssystems angesehen, und zu der Bereitstellung von Mitteln für diese Institutionen kommen Bemühungen hinzu, ihre pädagogische Qualität zu verbessern. Zahlreiche Kongresse und Fachtagungen in der Emilia sind den Fragen der Kindererziehung und möglichen Reformansätzen gewidmet, die in vielfältigen Forschungs- und Beratungsprojekten umgesetzt werden. Auch hier findet die besondere Wertschätzung ihren Ausdruck, die Kindern und ihren Belangen in dieser Region zukommt.

Wissenschaftler, Politiker und Bürger aus der Emilia waren zudem maßgeblich an der Gestaltung der italienischen Krippen- und Kindergartengesetze beteiligt, die in den Jahren 1968 (Kindergarten) und 1971 (Krippe) verabschiedet wurden. Diese Gesetze entsprechen den sozialen und bildungspolitischen Grundsätzen der Region, indem Krippen und Kindergärten als wichtige familienunterstützende Einrichtungen definiert werden, unter Zusicherung entsprechender pädagogischer Standards wie z. B. der Aus- und Weiterbildung von Erzieherinnen. Darüber hinaus ist die Mitwirkung der Eltern in Form einer kollektiven Leitung der Krippen und Kindergärten gesetzlich verankert. Beide Gesetze sind von großer Bedeutung, da sie die soziale und pädagogische Funktion der Kindereinrichtungen festschreiben und gleichzeitige Orientierungshilfen für die Praxis anbieten.

Im Hinblick auf die Einlösung der Gesetze zeigt sich jedoch wiederum die Sonderstellung der Emilia Romagna. Nach deren Erlass wurden allen 21 Regionen in Italien Mittel zum Ausbau der vorschulischen Einrichtungen zur Verfügung gestellt, doch allein die Emilia Romagna – wie auch die übrigen nördlichen Regionen – verwandten diese Gelder tatsächlich für die öffentliche Kindererziehung. Im Süden des Landes hingegen wurde keine einzige Krippe errichtet, und auch die Kindergärten wurden nur mangelhaft ausgebaut. Außerhalb des familiären Verbundes gibt es bis heute in den südlichen Regionen kaum eine Möglichkeit für die Betreuung von Kleinstkindern unter drei Jahren, und so konstatiert Loris Malaguzzi: „*Drei Italien, drei Krippensysteme, drei Kindheiten. Finden wir in Nord-Italien für 775 Kinder eine Krippe (in der Emilia Romagna sogar für 338 Kinder), so gibt es in Mittel-Italien*

für 923 und in Süd-Italien gar für 6284 Kinder nur eine Krippe!" (Malaguzzi 1985, S. 7)

Wenn Familien im Süden des Landes dennoch einen Betreuungsplatz für ihre Kinder finden, wobei die meisten Einrichtungen von der Kirche geleitet werden, so sind sie mit katastrophalen Gruppenschlüsseln, antiquierten Erziehungsstilen und Uniformen für die Kinder konfrontiert. Um nicht über den Verbleib der damaligen staatlichen Zuwendungen für den Ausbau des Vorschulwesens zu spekulieren, der Süden ist aufgrund seiner brüchigen sozio-ökonomischen Struktur naturgegeben korruptionsanfälliger als der reiche Norden, sei hier nur angemerkt, dass sich das Nord-Süd-Gefälle Italiens auch im Bildungsbereich widerspiegelt. Allerdings muss an dieser Stelle betont werden, dass ein Land wie Italien, das kein so breites soziales Netz wie beispielsweise die Bundesrepublik aufweist – Schulen und Universitäten müssen in Italien bezahlt werden, es gibt kaum eine Altersversorgung und Arzt- und Krankenhausbesuche sind mit extrem hohen Kosten für die Bevölkerung verbunden – bereits 1968 ein Gesetz für die Kindergärten und 1971 ein Krippengesetz verabschiedete. Hierzulande warten Eltern und Erzieherinnen noch immer auf ein Gesetz für die Krippen, das ihre pädagogische und soziale Identität festigen könnte.

Aufgrund der politischen Bereitschaft in der Emilia Romagna, sowohl Mittel für die öffentliche Kindererziehung bereitzustellen, als auch reformorientierte pädagogische Modelle zu unterstützen, findet hier – wie nirgendwo sonst im Land – der Mythos des kinderfreundlichen Italien seine Berechtigung. Die vorbildlichen sozialen Strukturen und die bildungspolitischen Entscheidungen der Region ermöglichen und begünstigen ein Handeln für Kinder und Familien, auch wenn die aktuellen wirtschaftlichen und politischen Probleme Italiens viele Reformversuche gefährden und die Zukunft des *modello emiliano* ungewiss ist.

Vorschulische Erziehung in Reggio Emilia 1.3

Die Besonderheiten der Region finden ihren Widerhall im sozialen und kulturellen Leben der Stadt Reggio Emilia. Auch hier scheint ein dritter Weg zwischen den häufig als unvereinbar geltenden Ideologien des Kapitalismus und Kommunismus gelungen, ein Weg, der privaten Wohlstand ermöglicht unter gleichzeitiger Berücksichtigung der sozialen Entwicklung der Stadt. Die meisten Bewohner Reggios sehen gerade in dieser Verknüpfung von privaten und öffentlichen Interessen einen wichtigen Faktor für die hohe Lebensqualität in ihrer Stadt. Zum Wohlleben der Bürger tragen wesentlich die Genossenschaften bei, die sowohl Profite erwirtschaften als auch soziale Projekte im Gemeinwesen unterstützen. Hinzu kommt, dass die Kommunalpolitik in Reggio auf einer langen Tradition basisdemokratischer Strukturen aufbaut. Die Bürger der Stadt sind an politischen Entscheidungen direkt beteiligt, indem sie in den jeweiligen Stadtteilräten ihre Bedürfnisse artikulieren und ihre Forderungen an die Politiker weiterleiten. Aufgrund dieser Mitbestimmungsmöglichkeiten ‚von unten' besteht in Reggio ein unmittelbares Verhältnis zwischen Bürgern und Politikern und ein für Italien außergewöhnliches Politikverständnis. So wird den Reggianern nachgesagt, dass sie ‚ihre Nase überall hineinstecken', was meint, dass sie ihre Probleme nicht delegieren, sondern selbst in Angriff nehmen. Ausdruck dieses Engagements sind zahlreiche Initiativen und Projekte, die unter großer Beteiligung der Bevölkerung stattfanden und die Stadt vor allem in den 70er Jahren zu einem Zentrum für soziale und kulturelle Reformen machte. *„Es war eine verrückte Zeit in dieser Stadt, denn unser Leben war immer öffentlich und natürlich sehr politisch. Wir Frauen wollten uns um jeden Preis emanzipieren, und wir waren fast nie zu Hause! Sobald eine Theatertruppe in die Stadt einzog – und zu der Zeit kamen viele interessante und innovative Projekte nach Reggio –, lebten wir* *mit den Schauspielern und machten ihre Aufführungen zu politischen Aktionen. Zudem sollten unsere Kinder während unserer Arbeitszeit betreut werden, aber nicht wie in den üblichen ‚Parkplätzen', sondern in guten Krippen, die wir selbstverwaltet und kollektiv aufbauten. Nächtelang haben wir debattiert und uns über neue Theorien zur Erziehung gestritten, Fachleute eingeladen und zum Beispiel mit Gianni Rodari, dem bekannten Kinderbuchautor, eine ‚Grammatik der Phantasie' (grammatica della fantasia) geschrieben. Heute denke ich, in unserem Engagement waren wir auch ganz schön naiv, glaubten wir doch, alle Probleme dieser Welt lösen zu können. Und dennoch ist es eine reiche und wichtige Erfahrung, die uns bis heute verbindet."* Diese Aussagen stammen aus einem unveröffentlichten Interview der Autorin mit Carla Nironi, die in ihrem eigenen Haus zusammen mit anderen Müttern in den 60er Jahren die erste autonome Krippe aufbaute. Bis 1988 war sie in der Kommune tätig und die ‚rechte Hand' von Loris Malaguzzi.

Vor allem in den 70er Jahren wurde Reggio durch nationale und internationale Tagungen und Projekte zu einem Ort bildungspolitischer Reformen. Diese Tradition setzt sich bis heute fort, denkt man beispielsweise an den internationalen Kongress zu Fragen der Kindheit, der 1990 im barocken Theater der Stadt mit bekannten Pädagogen, Psychologen und Politikern durchgeführt wurde. Die Verantwortlichkeit gegenüber den eigenen und sozialen Belangen seitens der reggianischen Bevölkerung drückt sich in besonderem Maße in ihren Initiativen für Kinder aus. So gründeten schon in den 20er Jahren Bauern und Arbeiter einen autonomen Gemeindekindergarten und, wie bereits geschildert, waren es 1945 Eltern und Bürger, die den ersten Nachkriegskindergarten aufbauten. Vor allem die Frauen in Reggio verbanden ihre Emanzipationsbestrebungen mit Forderungen nach einem neuen Erziehungswesen, indem sie zu Beginn der 60er Jahre einige Häuser besetzten, in denen sie selbstverwaltet und -finanziert mit Kindern arbeiteten. Gleichzeitig stritten sie für eine kommunale Trägerschaft dieser Kindergärten, die keine ‚Parkplätze' für Kinder sein sollten, sondern pädagogisch qualifizierte Orte. Im Jahre 1967 übernahm die Kommune diese selbstverwalteten Einrichtungen mit dem Ziel, neue pädagogische Ansätze mit den bestehenden Initiativen zu verbinden. Auf der Grundlage der 1968 und 1971 erlassenen Gesetze unterstützte sie den Ausbau der vorschulischen Einrichtungen. Heute gibt es für 37 Prozent aller Kleinstkinder Plätze in den kommunalen Krippen und für 95 Prozent der Drei- bis Sechsjährigen einen Kindergartenplatz. In Reggio liegt somit das Angebot an außerfamilialen Betreuungsmöglichkeiten weit über dem nationalen Durchschnitt. Wie sehr die Krippen und Kindergärten in das öffentliche Leben der Stadt eingebunden sind, zeigen u. a. die zahlreichen Initiativen der Bevölkerung: Als in den 70er Jahren im Zuge staatlicher Sparerlasse viele Einrichtungen geschlossen werden sollten, stritten die Bürger Reggios für den Erhalt ihrer Vorschuleinrichtungen, und auch heute versuchen sie mit großem Engagement, den drohenden Einsparungen entgegenzuwirken.

Das Engagement der Bevölkerung für Kinder und ihre Belange hat in Reggio somit eine lange Tradition. Bündnispartner der Familien waren und sind darüber hinaus die Kommunalpolitiker der Stadt. Ihr politisches Programm lautet: „Ausgaben für Kinder sind produktive Investitionen". Diese, im Vergleich zu den übrigen reichen Kommunen Italiens ungewöhnliche Haltung ist keine politische Floskel, sondern die Wertschätzung von Kindern erfährt in Reggio eine tatsächliche Umsetzung, indem die Kommune 40 Prozent ihrer Haushaltsmittel für Erziehung und Bildung und die kommunalen Krippen und Kindergärten aufwendet.

Diese Einrichtungen sind – zumal wenn sie gut ausgestattet werden – kostenintensiv und somit abhängig von den ökonomischen Möglichkeiten einer Stadt. Darüber hinaus sind sie jedoch auch ein Spiegel der politischen Willenserklärung, und in Reggio ist es gelungen, beide Faktoren im Sinne der Kinder zusammenzuführen. So ist die Existenz der 12 kommunalen Krippen und 20 kommunalen Kindergärten wesentlich auf diese glückliche Koalition von Bürgerengagement und politischen Entscheidungsprozessen zurückzuführen.

Nur in diesem besonderen politischen und sozialen Klima konnte die Reggio-Pädagogik entstehen und wachsen. Insofern müssen Versuche, diese Konzeption unreflektiert in andere Länder mit ihren eigenen Entwicklungen und Bedingtheiten zu importieren, äußerst kritisch betrachtet werden. Seit Bekanntwerden dieses Konzeptes zu Beginn der 80er Jahre gibt es viele solcher Versuche. Ohne die Komplexität der Reggio-Pädagogik zu berücksichtigen, werden hierbei jedoch häufig einzelne Teile aus ihrem Gesamtsystem herausgelöst und rezepthaft auf die eigene Erziehungspraxis übertragen, indem beispielsweise Räume ‚à la Reggio' umgestaltet, Ateliers eingerichtet und Kunsterzieher angeworben werden. Scheinen solche Veränderungen auf den ersten Blick durchaus positiv, so ist dieses Vorgehen dann problematisch, wenn die Übernahme von Reggio-Elementen ohne eine grundsätzliche Auseinandersetzung mit den eigenen Zielen und Bedingtheiten der Kindererziehung geschieht: Durch reine Imitationen werden niemals wirkliche Veränderungen bewirkt. Vielmehr bedarf es einer grundsätzlich neuen Haltung gegenüber Kindern und ihren Belangen, die sich umsetzen muss in der pädagogischen Praxis, aber auch in breiten politischen Maßnahmen für Kinder.

„Nur durch Bewegung können neue Wege sichtbar gemacht werden“ (Malaguzzi 1992, S. 239). Mit diesem Aufruf zur Veränderung wendet sich Loris Malaguzzi an Praktiker, Wissenschaftler und Politiker gleichermaßen. Demzufolge kann die Frage „Wohin wollen wir unsere Kinder erziehen?“ – seit 1945 in Reggio immer wieder thematisiert und somit Motor für die ständige Weiterentwicklung des Projektes –, auch hierzulande nicht nur von einzelnen beantwortet werden, sondern es bedarf einer breiten und gemeinschaftlichen Verantwortung, um Kindern und ihren heutigen komplexen Lebenssituationen im Rahmen der öffentlichen Erziehung gerecht zu werden. Eine solche Solidarität gegenüber Kindern belegt die Reggio-Pädagogik seit ihrem Bestehen in überzeugender Weise, verbindet sie doch gesellschaftliche Utopie mit pädagogischer Phantasie und zeigt, dass Veränderungen und neue Wege in der Kindererziehung durchaus möglich sind.

Besuche in der Krippe Arcobaleno:
Erste Eindrücke aus der Praxis

2

„Der Raum ist der dritte Erzieher.“
(Loris Malaguzzi 1984, S. 1)

Für Vorschulkinder gibt es in Reggio Emilia verschiedene Möglichkeiten einer außerfamilialen Betreuung. Anders als in den übrigen Regionen Italiens, wo aufgrund des geringen Angebotes an Kindereinrichtungen fast ausschließlich die Mütter ihre Kinder betreuen müssen, können in Reggio 95 Prozent aller Drei- bis Sechsjährigen einen Kindergarten besuchen, und für 37 Prozent der Kleinstkinder stehen Plätze in den kommunalen Krippen zur Verfügung. Geleitet werden die Einrichtungen von verschiedenen Trägern, von der Kirche, dem Staat, privaten Vereinen und der Kommune. Das unter dem Namen ‚Reggio-Pädagogik' bekannte Konzept wird allerdings nur in den kommunalen Krippen und Kindergärten umgesetzt, wobei dieses Modell von Eltern in Reggio sehr geschätzt wird und die Einrichtungen nur durch Wartelisten die zahlreichen Anfragen bewältigen können.

Baulich sind die Krippen und Kindergärten zwar voneinander getrennt, sie arbeiten jedoch nach einer einheitlichen Grundkonzeption, die entsprechend den jeweiligen Altersstufen der Kinder differenziert ist. Darüber hinaus werden sie von Beratern des pädagogischen Zentrums der Stadt betreut und folgen einem ähnlichen Organisationsplan hinsichtlich des Tagesablaufes, der Ferienzeiten und der Personalstruktur, abgestimmt auf die Bedürfnisse der Kinder und die Lebenssituationen der Familien. Die Verbindung zwischen den kommunalen Einrichtungen wird auch dadurch deutlich, dass alle Krippen und Kindergärten einen Namen haben. Sie heißen *Anna Frank, Michelangelo, Peter Pan, Salvador Allende* oder *Pablo Picasso*. Dieser Namensgebung liegt die Anerkennung herausragender Persönlichkeiten zugrunde, gleichzeitig ist sie aber auch eine Art Motto für die pädagogische Arbeit, indem sie einen Zusammenhang zwischen der Kindererziehung und der Kultur verschiedener Zeiten und Länder herstellt.

Wir besuchen die Krippe *Arcobaleno*, die 1975 in einem Neubauviertel gebaut und zum architektonischen Modell für fünf weitere kommunale Krippen, die sogenannten *asili nido*, wurde. Das Entstehen dieser Einrichtung stellt eine Besonderheit dar, von der viele Praktiker hierzulande träumen: Erzieherinnen, Eltern, Architekten und pädagogische Berater planten diese Krippe gemeinsam und konnten ihre Bedürfnisse und Kompetenzen in den Prozess der Gestaltung mit einbringen. So ist die Krippe *Arcobaleno* eine gelungene Synthese der Vorstellungen und Bedürfnisse aller an der Kindererziehung beteiligten.

Die Struktur der Krippe 2.1

66 Kinder von null bis drei Jahren werden hier in vier altershomogenen Abteilungen, den sogenannten *sezioni*, betreut:

Gruppe 1: lattanti	3–9 Monate	11 Kinder pro Gruppe
Gruppe 2: piccoli	9–18 Monate	14 Kinder pro Gruppe
Gruppe 3: medi	18–24 Monate	18 Kinder pro Gruppe
Gruppe 4: grandi	24–36 Monate	23 Kinder pro Gruppe

Jeder Gruppe sind zwei Erzieherinnen zugeordnet sowie eine Wirtschaftskraft, die ebenso wie die Köchin und der Kunsterzieher in die pädagogische Arbeit integriert sind. Auch behinderte Kinder finden Aufname in den Gruppen, und im Falle schwerster Behinderungen können zusätzliche Betreuerinnen eingestellt werden. Wie die anderen kommunalen Krippen folgt auch *Arcobaleno* einem Organisationsplan, der die Öffnungszeiten, den Tagesablauf und die Personalstruktur festlegt. Dieser wurde im Laufe der Jahre mit den Familien in den Leitungsgremien abgestimmt, beispielsweise sind die Öffnungszeiten der Krippen den Arbeitszeiten der Eltern angepasst. Von 7.45 Uhr bis 16.00 Uhr werden die Kinder dort betreut, bei Nachweis einer längeren Arbeitszeit der Eltern kann ein Spätdienst bis 18.20 Uhr in Anspruch genommen werden. Im Falle einer Erwerbstätigkeit von Eltern am Wochenende gibt es in Reggio eine Krippe, die auch am Samstag geöffnet ist.

2.2 Die Räume

„Die Gegenstände und die Objekte der Umwelt sind wichtige und aktive Gesprächspartner des Kindes. Wir können von einem Dialog zwischen Kind und Objekten und einem Lernen durch sie sprechen.“ (Rinaldi 1984, S. 217)

Arcobaleno heisst auf deutsch ‚Regenbogen‘ – und so vielfältig dessen Farbelemente sind, so farbreich und anregend ist auch die Krippe selbst. Bereits beim Eintritt erleben Besucher Erstaunliches: Vom *salone* aus, dem großen Eingangsbereich, schaut man in einen begrünten Innenhof, und zahlreiche Glastüren und Fenster gestatten Einblicke in das Atelier, die Küche und die einzelnen Gruppenräume. Diese architektonischen Elemente bewirken eine große Helligkeit und Transparenz, zu der auch die farbliche Gestaltung der Krippe beiträgt. Gemütliche Sitzecken, Pflanzen, Plakatwände und Kunstwerke verstärken die Verwunderung des Besuchers, der sich nicht in einer Krippe wähnt, deren Gestaltung zumeist mit ‚Bewahranstalt' und ‚klinischer Öde' assoziiert wird. Im *Arcobaleno* hingegen stellt sich gleich beim Eintritt die Lust zu verweilen ein, um die vielfältigen sinnlichen Anregungen aufzunehmen.

Im *salone* erfahren Besucher darüber hinaus Wissenswertes über diese Krippe: Fotos und Wandtafeln informieren in anschaulicher Weise über ihr Entstehen und ihre Funktionsweise sowie über die Kinder und Erwachsenen, die hier leben und lernen, und gleichzeitig werden die neuesten Projekte der Einrichtung präsentiert. In allen kommunalen Krippen und Kindergärten finden sich diese weiträumigen Eingangsbereiche. Der italienischen *piazza* als Kommunikationsort nachempfunden, sind sie Begegnungsort und Aufenthaltsbereich von groß und klein. Für die Kinder gibt es Turn- und Klettergerüste, Podeste, Verkleidungsnischen und Spiegelflächen, den Erwachsenen werden gemütliche Sitzecken, Info-Tafeln und interessante Anschauungsmaterialien angeboten. Jeder Besucher fühlt sich gleich willkommen, Eltern und Kinder finden gleichermaßen ihren Platz, Gespräche und gemeinsame Aktivitäten können beim Bringen oder Abholen stattfinden. Den Kleinkindern erleichtert dieses Zusammensein wesentlich den Übergang von der Familie in die Krippe. Auch die Erwachsenen empfinden den *salone* als interessanten Kommunikationsort. Dies belegt vor allem die Anwesenheit der Großeltern, die nach Aussagen der Erzieherinnen in Reggio häufig unter ‚Kindergarten-Rheuma' leiden: Einmal in der Einrichtung angekom-

Die Piazza im Kindergarten Diana

men und in einem Sessel platzgenommen, können sie – aus lauter Liebe zum Enkelkind und aus Spaß am Gespräch mit den Erzieherinnen – einfach nicht mehr aufstehen.

In Reggio kommen der Kommunikation und dem Dialog über das alltägliche Gespräch hinaus eine große Bedeutung zu. Dies zeigen auch die zahlreichen Bilder, Fotos, Collagen und Dokumentationen, die überall anzutreffen sind. Indem ‚die Wände sprechen', wird auf anschauliche Weise präsentiert, was in der Krippe während eines Tages passiert und auch für die Familien von Belang ist: welche Projektthemen bearbeitet werden, wann das Leitungsgremium tagt oder wie das Abenteuer, mit nackten Füßen durch Farbe und über Papier zu laufen, mit den Zweijährigen ausgegangen ist. Diese Dokumentationen machen in verschiedener Hinsicht Sinn. Die Kinder erleben eine Wertschätzung ihrer Tätigkeiten, die Erzieherinnen können die Prozesse ihrer Arbeit auswerten und vorstellen, und die Eltern erfahren Wichtiges aus dem Leben der Kinder in der Krippe. Die hierzulande so häufig von Eltern an die Betreuerinnen gestellte Frage „Was habt ihr denn heute gemacht?" ist in Reggio zwar nicht überflüssig, sie wird jedoch auf vielfältigere Weise als nur durch Gespräche beantwortet. Die dokumentarische Arbeit der Erzieherinnen erfolgt auch im Hinblick auf eine gute Öffentlichkeitsarbeit, die Informationen gibt und Einblicke gestattet, denn: *„nur wenn wir uns öffnen, öffnen sich auch die Familien"* (E. Reverberi, Erzieherin, 1986).

Vom *salone* aus können die vier Gruppenräume der Krippe eingesehen werden, die sich um den Innenhof herum gliedern. Die vier *sezioni* folgen der Struktur altershomogener Gruppen und sind entsprechend der altersgemäßen Entwicklung der Kinder eingerichtet. Im Laufe ihrer Krippenzeit wechseln die Kinder mit ihren Erzieherinnen jährlich den Gruppenraum und lernen auf diese Weise die gesamte Einrichtung ausführlich kennen. Die Jüngsten beginnen ihren Krippeneintritt im Gruppenraum der *lattanti* (die ‚Milchlinge'), dies sind Kinder von drei bis neun Monaten, und sie finden dort neben verschiedenen Erkundungsobjekten auch große Freiflächen, Podeste, Treppen und Laufstangen, die ihnen erste Krabbel- und Gehversuche ermöglichen. Kuschelecken, Matratzen und Kissen kennzeichnen wichtige Rückzugsbereiche im Gruppenraum. Große Spiegel, hier wie auch in allen übrigen Räumen, regen schon die Kleinsten zur Beobachtung und Selbstentdeckung an, Tätigkeiten, die in den Bädern und Wickelräumen fortgesetzt werden können, da dort ebenfalls viele Spiegelflächen an Wänden und Decken vorhanden sind.

„Bei so vielen Spiegeln werden die Kinder ja eitel und narzisstisch!" Zu dieser Kritik fühlen sich nach Aussagen der reggianischen Erzieherinnen vor allem die Freud-erfahrenen deutschen Besucher genötigt. Gleichzeitig wird jedoch gerade in den deutschen Kindereinrichtungen das Vorhandensein von Spiegeln mit einer Orientierung an der Reggio-Pädagogik gleichgesetzt. So beschränkt sich die Auffassung ‚wir arbeiten nach Reggio' oftmals auf das Anbringen einzelner Spiegelflächen in den Krippen und Kindergärten. Sowohl die Kritik eines unvermeidlichen Narzissmus, als auch die Reduzierung eines pädagogischen Modells auf eine kleine glänzende Fläche lässt außer acht, welche Bedeutung den Spiegeln in Reggio tatsächlich zugesprochen wird. Sie regen an zur Selbstwahrnehmung und -beobachtung und tragen somit wesentlich zur Entwicklung der Identität eines Kindes bei, indem es sich auf vielfältige Weise kennenlernen kann.

Über diese erkenntnisfördernde Funktion hinaus ist auch folgender Aspekt wichtig: Neben den einzelnen Spiegeln sind in Reggio häufig die Fotos aller Kinder einer Gruppe angebracht. Die Selbstwahrnehmung eines Kindes ist folglich mit der Gesamtheit einer Gruppe verbunden und mit dem möglichen Gefühl, in einer Gemeinschaft zu leben. Auf diese Weise wird die Entwicklung des Ichs mit den Erfahrungen eines Wir verknüpft und sowohl die individuelle als auch die soziale Entwicklung eines Kindes angeregt. Für die Erzieherinnen in Reggio ist diese Verknüpfung wesentlich, sie sagen: *„Solidarität zwischen Kindern kann sich nur dann entwickeln, wenn auch ihre Individualität Raum hat. Beides ist wichtig für ein Kind"* (E. Reverberi und S. Cipolla, Erzieherinnen, 1986).

In den Gruppenräumen der Älteren werden die Materialangebote zunehmend differenzierter. Bau- und Konstruktionsecken, Mini-Küchen, Puppenecken und vielfältige frei zugängliche Materialien bieten Gelegenheit für Rollenspiele und autonom gewählte Aktivitäten. Anregungen zu Licht- und Schattenspielen geben große Leinwände mit verschiedenen Lichtquellen, kleine Podeste können zu Theaterbühnen umgebaut und mit Hilfe der Verkleidungsutensilien für kleine Inszenierungen genutzt werden. Fast alle vorhandenen Gegenstände sind Alltagsutensilien, die die Kinder auch aus dem ‚richtigen' Leben kennen und auf ihre Weise im Spiel verwenden und variieren können. So finden sich in vielen Kindergärten neben Computern, Schreib- und Druckmaschinen auch ganz normale Haushaltsgegenstände wie Porzellangeschirr, Scheren oder Messer, hierzulande oft als ‚zu gefährlich' eingestuft, die die Kinder jedoch aus dem Familienleben kennen und in ihre Aktivitäten einbeziehen können.

Etwas abgetrennt von den Gruppenräumen befinden sich im *Arcobaleno* die Schlafräume und die Bäder, die durch kleine Toiletten und Waschbecken kindgerecht gestaltet sind. Zum Wohlbefinden der Kinder tragen auch die mit Baldachinen gemütlich ausstaffierten Schlafräume bei, und über den Betten der Jüngsten sind Informationstafeln angebracht, die ihre Einschlafrituale beschreiben. Ob Luca einen Nuckel braucht, ob Alice gern beim Einschlafen gestreichelt wird oder Alessandro seinen Lieblingsbären benutzt, wird festgehalten, um den Kindern den Übergang zum Schlafen zu erleichtern und im Falle wechselnder Dienstzeiten den Erzieherinnen wichtige Informationen zu geben.

Diese vermeintlich kleinen Details weisen auf eine wichtige Grundhaltung gegenüber Kindern hin. Ihre Gewohnheiten und Rituale gelten nicht als störend für den gesamten Tagesablauf – schließlich haben die Erzieherinnen viele Kinder zu betreuen –, sondern jedes Kind wird mit seinen eigenen Rhythmen und Bedürfnissen ernstgenommen. Die Betreuerinnen in Reggio wissen, dass kein Kind wie das andere ist und vermeiden durch ein möglichst individuelles Eingehen auf die Kinder jegliche Form einer ‚Massenabfertigung'. Zur Achtung der spezifischen Bedürfnisse von Kindern gehört auch, dass ihre familiären Gewohnheiten in den Krippen und Kindergärten berücksichtigt werden und beispielsweise all ihre Lieblingsspielzeuge mit in die Einrichtungen gebracht werden können.

So gehört zu den mittäglichen Ritualen der Kindergärten in Reggio, dass je zwei Kinder nach dem Essen für die gesamte Gruppe die Betten aufbauen und somit die Verantwortung für eine entspannte Siesta übernehmen. Im Kindergarten Diana waren zwei Jungen mit dieser Aufgabe beschäftigt. Mit großer Sorgfalt legten sie Decken und Kissen zurecht und trugen die Lieblingsspielzeuge der einzelnen Kinder auf die jeweiligen Betten: Matteo bekam seinen Teddy aufs Kopfkissen, Laura ihre Babypuppe, Alice ihr Arielle-Buch und Luciano sein Skateboard. Ist es auf der einen Seite tröstlich zu sehen, wie künftige Männer das Bettenmachen lernen, so wird auf der anderen Seite deutlich, wie einfach und konkret die großen Erziehungsziele ‚Solidarität' und ‚Verantwortung' im Alltag ihre Umsetzung erfahren.

Die Mahlzeiten können die Kinder in den sogenannten Refektorien einnehmen. Dies sind schön gestaltete Essräume, die mit ihren gedeckten Tischen und anschaulichen Speisekarten den Charakter kleiner Restaurants haben. Vom Refektorium aus ermöglichen große Glasscheiben Einblicke in die Küche, sozusagen in das Zentrum der Krippe, ist doch die Zubereitung und Aufnahme von Mahlzeiten in Italien von besonderem kulturellen Wert. In allen kommunalen Kindereinrichtungen wird selbst gekocht, wobei häufig die Kinder bei der Zubereitung helfen und diese alltäglichen Verrichtungen als vergnügliches und sinnliches Lernfeld entdecken. Wie in den Familien werden den Kindern auch in den Krippen drei Gänge serviert, und die Qualität des Essens ist ein wichtiges Kriterium für Eltern, ihre Kinder in diese Einrichtungen zu bringen.

Der Speisesaal im Kindergarten Diana

Aus diesem Grund finden auch zahlreiche Elterntreffen in den Küchen der Krippen und Kindergärten statt. Anders als die hierzulande üblichen Elternabende, die in der Regel als eher trocken und zu sehr problemorientiert empfunden werden, sind diese Begegnungen in Reggio äußerst lebhaft, denn es wird zusammen gekocht, gegessen und über die verschiedensten Themen diskutiert. Diese gemeinsamen Tätigkeiten schaffen vertrauensvolle Kontakte zwischen Familien und Erzieherinnen, und auf dieser Grundlage wächst auch die Möglichkeit, über Kinder und ihre eventuellen Probleme freier sprechen zu können. Bei den Treffen informieren die Köchinnen häufig über neue ernährungswissenschaftliche Erkenntnisse. Gerade hält die Vollwertkost Einzug in die reggianischen Kindereinrichtungen. Diese ist allerdings für italienische Gaumen gewöhnungsbedürftig, und so war von einem Dreijährigen beim Anblick seiner ersten Portion Vollkornreis zu hören: „Bei uns zu Hause gibt es aber keinen schmutzigen Reis."

Die Einbeziehung von Alltagserfahrungen und -kultur in die pädagogischen Angebote spiegelt sich auch in den Einrichtungselementen der Krippen und Kindergärten wider. Ihre Möbel stammen nicht ausschließlich aus Katalogen für ein ‚kindgerechtes Wohnen', sondern sind häufig Geschenke von Eltern und Großeltern. So legen antike Teppiche, Holzschränke und -tische, alte Waagen vom Markt, diverse Espressomaschinen oder verschieden geformte Weinflaschen Zeugnis ab über die Kultur und Geschichte der Familien und der Stadt Reggio. Auf diese Weise haben jeder Kindergarten und jede Krippe einen ganz eigenen und unverwechselbaren Charakter. Für die Kinder sind die Erkennungszeichen ‚ihrer' Einrichtung äußerst wichtig, jedoch auch für die Erzieherinnen sind die Krippen und Kindergärten keine anonymen Orte: Sie identifizieren sich durch die persönliche Bindung an diese über Jahre hinweg zusammengetragenen Gegenstände in besonderem Maße mit ihrer Einrichtung.

Kultur und Kindererziehung erfahren in Reggio u. a. dadurch eine Verbindung, dass ästhetische Objekte aller Art wie Muschelsammlungen, Tonkacheln, Renaissancestiche und Bilder schon in den Krippen vorhanden sind. Sich mit schönen

Dingen zu umgeben ist ein Bedürfnis, das sich auch in den Kindereinrichtungen umsetzt, und so wird in Reggio keine Unterscheidung zwischen Kinder- und Erwachsenenästhetik getroffen. Es gibt dort keine Mickey-Mouse-Tapeten oder von Erzieherinnen gemalte ‚glückliche Kühe für Kinder', sondern vielfältige Zeugnisse nationaler und internationaler Kunst wie Drucke von De Chirico, Kandinsky oder Picasso.

Die gesamte Einrichtung und Gestaltung der Kindergärten und Krippen folgen in Reggio dem Prinzip des ‚Raumes als dritter Erzieher', was meint, dass anregende Materialien und transparente räumliche Strukturen den Kindern freie Erkundungen und autonome Lernschritte ermöglichen. Gleichzeitig werden vielfältige Möglichkeiten zum Austausch und zur Kommunikation zwischen Kindern und Erwachsenen angeboten. Hierzu gehören auch die Ateliers, die in allen kommunalen Kindereinrichtungen vorhanden sind und in denen Erzieherinnen, Künstler und Kinder zusammen tätig sind.

Die hundert Sprachen der Kinder und Räume zu ihrer Entfaltung

Viele Reggio-Besucher aus der Bundesrepublik sind insbesondere von dem baulichen Konzept und den räumlichen Möglichkeiten begeistert und würden bei der Rückkehr in ihre Einrichtungen am liebsten ‚alles ganz neu machen'. Oder, konfrontiert mit den räumlichen Unzulänglichkeiten der eigenen Praxis, stellt sich die Haltung ein: „Wir brauchen eigentlich eine neue Kita, denn all das, was wir in Reggio gesehen haben, geht bei uns nicht." Sicherlich ist angesichts der

häufig bedrückenden Enge und Öde bundesdeutscher Einrichtungen diese Haltung verständlich, vor allem wenn die von Erzieherinnen und Eltern geplanten Veränderungen aufgrund des mangelnden Interesses der Ämter oder am Einspruch der Bauaufsichtsbehörden scheitern. Andererseits belegen viele Beispiele aus Berlin, Frankfurt, Hamburg oder Stuttgart, dass eine Zusammenarbeit von Jugendämtern, Achitekten, Familien und Pädagogen im Rahmen von Kita-Umbauten durchaus möglich ist und anregende Räume für Kinder entstehen können (vgl. S.T.E.R.N. 1987). Auch die Umgestaltung von Altbauten in Reggio kann davon überzeugen, dass eine spannende und anregungsreiche Umgebung nicht abhängig ist von einem gänzlichen Neubau. Viele Kindereinrichtungen sind in alten Häusern untergebracht, in denen das Konzept des ‚Raumes als dritter Erzieher' umgesetzt wird, denn: *„Die Qualität der Umgebung ist sicher auch eine ökonomische Frage. Aber sie ist vor allem eine Frage des Ideenreichtums und der Phantasie"* (Rinaldi 1984, S. 218).

Wie lebt es sich nun in diesem Ambiente?

Die Kinder 2.3

„Wir beziehen uns auf ein Kind, das zuhört und beobachtet, das aber auch agiert und fordert und somit seine eigene Entwicklung aktiv mitgestaltet."
(Rinaldi 1984, S. 217)

Bereits beim Eintritt in die Krippe *Arcobaleno* fällt auf, wie sehr alle Kinder beschäftigt sind. Sowohl in den Gruppenräumen als auch im *salone* sind Kinder zu beobachten, die mit großer Neugier und Interesse die Objekte und Materialien ihrer Umgebung erforschen. Allein, zu zweit oder in Kleingruppen wird erkundet, gestaltet und gespielt – und obwohl hier 66 Kinder zusammen leben, ist es außerordentlich ruhig, was als Zeichen dafür genommen werden kann, wie intensiv die Kinder mit ihren Erkundungen beschäftigt sind. Ihre frei gewählten Aktivitäten bestimmen weitgehend den Tag im *Arcobaleno*, und es wird deutlich, dass der Raum als ‚dritter Erzieher' die Kinder außerordentlich stimuliert und anregt. Viele Spiele und Tätigkeiten werden von den Kindern selbsttätig initiiert und durchgeführt, wobei die Erzieherinnen zwar immer wieder wichtige Ansprechpartner sind, jedoch weit entfernt von der Rolle eines ‚Entertainers' von Kindern agieren.

Mit eigenen Rhythmen und Zeitbegriffen erkunden und erforschen die Kinder ihre Umwelt. Zu ihrer emotionalen und sozialen Sicherheit tragen darüber hinaus stabile Bindungen zu den Erzieherinnen bei, die mit dem Moment der Eingewöhnung in die Krippen beginnen. Des weiteren gibt es eine Reihe von Ritualen während eines Tages, die die Kinder immer wieder mit ihren Erzieherinnen und den anderen Kindern der Gruppe zusammenführen. So beginnt in den meisten Einrichtungen der Tag mit dem sogenannten *appello*, bei dem alle Kinder im Kreis versammelt sind, sich begrüßen, sehen, welches Kind fehlt und darüber sprechen, warum es fehlt, um dann die weiteren Aktivitäten des Tages zu diskutieren. Diese Form eines verbalen Austausches findet zumeist in den Kindergärten statt. Dem vorsprachlichen Alter der Kinder angemessen, variiert in den Krippen der appello: Von allen Kindern gibt es kleine Fotos, die die Jüngsten in der Gruppe verteilen und auf diese Weise sowohl soziale als auch kognitive Lernschritte vollziehen.

Charakteristisch für den gesamten Tagesablauf in den *asili nido* ist der Wechsel von Einzelbeschäftigungen und gemeinsamen Aktivitäten, die in Form von Angeboten – wie

z. B. Malen, Collagieren oder Kochen – zumeist in Kleingruppen durchgeführt werden, ebenso wie die Besuche im nahegelegenen Kindergarten oder die verschiedenen Ausflüge, die auch für die Jüngsten das soziale Umfeld als Lernort mit einbeziehen. Der Tagesablauf in den *asili nido* ähnelt an vielen Stellen dem der Familien, indem die sogenannten Kernzeiten, das Freispiel, die Projektarbeit, das Essen und Schlafen der Jüngsten, den Rhythmen der Kinder folgen. Hierbei ermöglicht die *presenza massima* des Personals, d. h. die Anwesenheit aller Erzieherinnen und Wirtschaftskräfte, ein individuelles Eingehen auf die Kinder.

In den reggianischen Krippen und Kindergärten stehen die Kinder im Mittelpunkt. Diesen Eindruck vermitteln erste Besuche, denn es gibt dort weder starre Einteilungen bezogen auf den Tagesablauf, noch rigide Lernprogramme, die die Kinder im Rahmen festgelegter ‚Beschäftigungen' erfüllen müssen. Vielmehr kennzeichnen ein individuelles Eingehen auf die einzelnen Kinder sowie flexible Übergänge zwischen den einzelnen Situationen – dem Spiel, Essen und Schlafen – den Tag in den Einrichtungen. Überhaupt wirkt der gesamte Alltag sehr natürlich. Indem alltägliche Routinehandlungen neben den pädagogischen Angeboten in den Erfahrungsraum der Kinder einbezogen werden, findet auch das ‚wirkliche Leben' Eintritt in die Institutionen. Hier stellt sich nun die Frage, wie all dies von den Erzieherinnen bewältigt wird, da sie ja eine ganze Gruppe von Kindern betreuen.

2.4 Die Erzieherinnen

„Es gilt, der Einsamkeit des Erziehers gegenüber einer Gruppe von Kindern entgegenzuwirken."
(Loris Malaguzzi 1990)

In jeder Krippengruppe arbeiten zwei Erzieherinnen, die während der Kernzeiten eines Tages, dem Füttern, Wickeln und Schlafenlegen der Jüngsten, von einer Halbtagskraft unterstützt werden. Darüber hinaus sind im *Arcobaleno* – wie in allen kommunalen Einrichtungen – auch die Wirtschaftskräfte in die pädagogische Arbeit integriert, d. h. sie springen nicht nur im ‚Notfall' ein, sondern nehmen teil an Ausflügen und Projekten und sind während des Tages wichtige Ansprechpartner für Kinder und Erzieherinnen. Umgekehrt beteiligen sich auch die Erzieherinnen an Aufräum- oder Putzaktionen. In dieser Zusammenarbeit wird deutlich, dass es beim Zusammenleben mit Kindern keine Hierarchisierung geben darf, die Erzieherinnen zu wichtigen Pädagogen und Köchinnen oder Putzfrauen zu Hilfskräften macht, sondern nur eine Gleichberechtigung des gesamten Personals. In Reggio verstehen sich demnach alle Mitarbeiter einer Einrichtung als Team im wahrsten Sinne des Wortes, zumal sie die Krippen und Kindergärten mit den Eltern kollektiv leiten. Diesem Grundsatz einer Gleichstellung aller Mitarbeiter entspricht auch ihre Bezahlung, die nicht nach Tätigkeitsbereichen, sondern nach Berufsjahren gestaffelt ist. Um den Aufgaben einer gemeinschaftlichen Leitung gerecht zu werden, bedarf es bestimmter Strukturen, die Zeiten und Arbeitsweisen eines Kollektivs festlegen, und so sind in Reggio bestimmte Kontingente für diese Aufgaben vorgesehen. Bei einer Wochenarbeitszeit von 36 Stunden arbeiten die Erzieherinnen 32 Stunden mit den Kindern, die übrigen

vier Stunden sind für die kollektive Leitung sowie Vor- und Nachbereitungszeiten bestimmt. Nach dem Rotationsprinzip übernehmen die einzelnen Mitarbeiter des Teams die verschiedenen Arbeitsbereiche einer Kindereinrichtung wie die inhaltliche Planung, die Kontakte zum pädagogischen Zentrum, die Zusammenarbeit mit den Familien sowie die Leitung der Dokumentationsabteilung. Darüber hinaus dienen diese Stunden für die internen Weiterbildungen, die alle Kollektive wöchentlich durchführen.

Auf diese ‚Errungenschaften' blicken vor allem Erzieherinnen hierzulande mit Neid, da ihnen derart wichtige Arbeitsstrukturen nicht zur Verfügung stehen. Allerdings sind die Vor- und Nachbereitungszeiten ebenso wie das Vorhandensein von zwei Erzieherinnen pro Kindergruppe auch in Reggio hart erkämpft worden: Fast alle Mitarbeiter der reggianischen Einrichtungen sind aktiv in der Erzieher-Gewerkschaft der Stadt tätig, die immer wieder angemessene Bedingungen für die als eminent wichtig eingestufte Kindererziehung fordert.

Aufgrund der personellen Ausstattung in den reggianischen Einrichtungen – mit einem Schlüssel von ca. 2,7 Erzieherinnen pro Gruppe – ist es möglich, die insgesamt recht großen Kindergruppen während eines Tages aufzuteilen, um verschiedene Aktivitäten anbieten und durchführen zu können. Darüber hinaus bleibt für die Erzieherinnen genügend Raum, um einzelne Kinder zu beobachten oder an den Dokumentationen zu arbeiten. In dieser möglichen Differenzierung liegt nach Aussagen der reggianischen Erzieherinnen ein wichtiger Aspekt ihrer Professionalität: Nicht als ‚Dompteusen' stehen sie allein einer Gruppe von Kindern gegenüber, sondern sie können mit Kollegen gemeinsam planen, ihre Angebote durchführen und angemessen auswerten. *„Unsere Angebote sind für*

die Kinder kein Muss, sie bestimmen selbst ihre Aktivitäten und Spielpartner. Insofern bin ich als Erzieherin nicht für alles Geschehen allein verantwortlich; wir stellen eher die Möglichkeiten für unterschiedliche Erfahrungen bereit" (S. Cipolla, Erzieherin, 1986).

Die Zusammenarbeit von Menschen mit verschiedenen Kompetenzen bezieht in Reggio auch die Kunsterzieher mit ein. Sie sind in den kommunalen Kindereinrichtungen fest angestellt, ebenso wie ein Puppenspieler, und arbeiten dort in den Ateliers mit Kindern und Erzieherinnen. Zudem werden die Einrichtungen von Beratern des pädagogischen Zentrums betreut, und auf der Basis dieser Kooperation entstehen neue Ideen, Projekte und vielfältige Dokumentationen. Wie die einzelnen Beteiligten ihre Erfahrungen zusammenführen, soll ein Beispiel aus der Krippe *G. Rodari* verdeutlichen.

Zwei Erzieherinnen hatten beobachtet, dass die zweijährigen Kinder ihrer Gruppe über lange Zeiträume mit der Lektüre eines Buches über einen kleinen Fisch beschäftigt waren. Immer wieder schauten sie nach, wie der Fisch isst, schläft und spielt, vor allem dann, wenn sie selbst ihre Mahlzeiten einnahmen oder schlafengingen. So wurde der kleine Fisch zum Begleiter der Kinder, mit der Folge, dass alle ein solches Buch haben wollten. Über ihre Eindrücke sprachen die Erzieherinnen mit der pädagogischen Beraterin, die ihnen die Anregung zu weiteren Beobachtungen gab, da der Kontakt mit Büchern zwar eine wichtige Phase der kindlichen Entwicklung darstellt, genauere Informationen über das spezifische Umgehen von Zweijährigen mit Literatur jedoch kaum vorhanden sind. „*Ingesamt sind ja die Bedürfnisse und Vorstellungen von Krippenkindern sehr viel schwieriger festzustellen als die älterer Kinder, und demzufolge bedeutet die Arbeit in*

Krippen ein Mehr an Beobachtung, Forschung und Analyse" (Filippini 1991, S. 5).

Aus diesem Grund entwickelten die Erzieherinnen mit ihrer Beraterin die Idee, weiter zu forschen, und es entstand eine Art Projektplan – die „Pfähle und Querstreben eines Hauses" (Malaguzzi) – für die weiteren Vorgehensweisen. Die Erzieherinnen wollten das Interesse der Kinder erweitern, den kleinen Fisch sozusagen zum Leben erwecken, indem sie mit den Kindern Orte aufsuchten, wo ‚echte' Fische vorhanden waren. Mit einer Kleingruppe machten sie sich auf den Weg zur einzigen Tierhandlung in Reggio, wo die Zweijährigen über einen ganzen Tag hinweg mit der intensiven Beobachtung der zahlreichen Fische beschäftigt waren. Bei einem zweiten Besuch wählten sie dann zwei Goldfische aus, die sie mit in die Krippe nahmen. Untergebracht in einem Aquarium wurden die Fische zur Attraktion für die gesamte Gruppe. Immer wieder schauten ihnen die Zweijährigen beim Schwimmen und Fressen zu und kommentierten ihre Betrachtungen: „Fisch spricht" oder: „Fisch beisst Aua". Mit Kamera und Tonband hielten die Erzieherinnen diese Ereignisse fest und erstellten zusammen mit dem Kunsterzieher der Krippe eine Broschüre über dieses Abenteuer (vgl. Nido Comunale G. *Rodari* 1991).

Vielfältige Dokumentationen dieser Art sind in den reggianischen Kindereinrichtungen vorhanden, wobei sie mit zunehmendem Alter der Kinder umfangreicher und insofern ‚wissenschaftlicher' werden, als dass Themen wie „Kinder und Computer", „Wie Kinder zählen" oder „Alles hat einen Schatten außer der Ameise" behandelt werden.

„Wenn man Erziehung als ein permanentes Wechselspiel von Gedanken, Praxis, Reflexion der Handlungen, neuen Erkenntnissen, einem Wechsel der Perspektive und veränderten Praxis ansieht, dann kommt man konsequenterweise zur Methode der Dokumentation" (vgl. Filippini 1991).

Hinsichtlich der Krippen verdeutlicht das Beispiel des kleinen Fisches, dass eine ständige Auseinandersetzung mit Theorie und Praxis für die Erzieherinnen ganz alltäglich ist, indem sie selbst kleinere Forschungsprojekte durchführen, gleichzeitig aber auch ihre Berater immer wieder auffordern, ihnen wichtige Erkenntnisse aus Wissenschaft und Forschung in praxisrelevanter Weise zu vermitteln.

Begleitet man die Erzieherinnen in Reggio über einen längeren Zeitraum, so wird deutlich, dass sie ‚rund um die Uhr' arbeiten: tagsüber mit den Kindern und Kollegen, abends in den Elternversammlungen, in den Leitungsgremien und in den Fortbildungen. Und doch sehen sie gerade in diesen vielfältigen Aufgaben und Tätigkeiten eine wichtige Grundlage ihrer berufliche Zufriedenheit. Darüber hinaus empfinden sie ihre Zusammenarbeit als wichtiges Modell für solidarisches Handeln, von dem auch die Kinder profitieren: *„Wir alle arbeiten in den Kindergärten und Krippen eng zusammen. Das ist nicht immer einfach, da wir auch unterschiedliche Meinungen haben, über die wir uns verständigen müssen. Für die Kinder ist unser Austausch jedoch sehr wichtig, denn sie spüren, dass sich viele Menschen um sie kümmern"* (E. Reverberi, Erzieherin, 1986).

2.5 Die Eltern

Mütter, Väter und Großeltern sind in den reggianischen Einrichtungen wichtige Partner des pädagogischen Geschehens. Nicht nur durch Elternabende, Arbeitsgruppen oder gemeinsame Feste nehmen sie Anteil am Leben der Krippen und

Kindergärten, sondern auch durch ihre Beteiligung an den Leitungsaufgaben. Mindestens die Hälfte des jeweiligen Leitungsgremiums (*consiglio di gestione*) einer Einrichtung rekrutiert sich aus der Elternschaft. Somit sind die Familien in die Planung und Gestaltung der gesamten pädagogischen und organisatorischen Arbeit einbezogen, die auf diese Weise ihren Vorstellungen und Lebenssituationen entspricht. Alle zwei Jahre werden diese Gremien neu gewählt, die mit ihren weitreichenden Partizipationsmöglichkeiten die Familien in die Entscheidungen der öffentlichen Erziehung einbeziehen, wobei diese Selbstbestimmung ein hohes Maß an Mitverantwortung bewirkt (vgl. ‚*Die gestione sociale*‘).

Anders als in den bundesdeutschen Einrichtungen, deren Mitbestimmungsangebote für Eltern eher gering sind, mit der Folge, dass oftmals eine große Distanz zwischen Familien und Institution besteht, können sich die Eltern in Reggio für ihre Krippen und Kindergärten tatsächlich verantwortlich zeigen: Sowohl der pädagogische Alltag als auch strukturelle Veränderungen werden von ihnen mitbestimmt. Neben der Arbeit in den Leitungsgremien gibt es auch die Kooperation in einzelnen Arbeitsgruppen, in denen Erzieherinnen und Eltern bestimmte kindbezogene Themen diskutieren: „*Seit einiger Zeit nehme ich teil an unserer Arbeitsgruppe Spiel, und ich beginne zu verstehen, was mein Kind alles lernt, wenn es ‚nur‘ spielt*“ (Ein Vater aus Reggio Emilia, 1990).

Durch vielfältige Begegnungsformen – beim Bringen und Abholen der Kinder, beim Plausch in den *saloni* oder dem gemeinsamen Kochen von Eltern und Erzieherinnen – entstehen vertrauensvolle Kontakte, die wiederum wichtig sind für die Erörterung eventueller Probleme. Nach Aussagen der Pädagogen in Reggio haben sich nämlich die Lebenssituationen von Familien in den letzten Jahren sehr verändert. Das Bild der italienischen Großfamilie, in der sich viele Erwachsene um die *bambini* kümmern, ist längst schon zum Mythos geworden, da dieser Familienverbund vor allem im Norden des Landes von der Struktur der ‚Kleinfamilie' mit Vater, Mutter und einem Kind abgelöst wurde. Zu der Tatsache, dass die Hälfte aller italienischen Kinder inzwischen als Einzelkinder aufwachsen – Italien ist zur Zeit das Land mit der niedrigsten Geburtenrate in Europa – und somit Kontakte zu anderen Kindern im außerfamiliären Bereich arrangiert werden müssen, kommt hinzu, dass die meisten Mütter und Väter ‚späte' Eltern sind: Nach abgeschlossener Ausbildung und langjähriger Berufstätigkeit entschließen sich die meisten ganz bewusst für nur ein Kind, bei dem sie dann in besonderem Maße ‚alles richtig' machen wollen. Angesichts einer breiten gesellschaftlichen Verunsicherung, bedingt durch Umweltzerstörung, Krieg und Armut in der Welt, haben gerade diese Eltern eine Menge Fragen. Fragen, die auch im Rahmen der Krippen und Kindergärten erörtert werden, die zum einen wichtige Sozialisationsorte für Kinder sind, zum anderen aber auch sozial bedeutsame Zentren für die Familien, die durch ihr Zusammentreffen in den Einrichtungen der Isoliertheit von Kleinfamilien entgegenwirken können.

„Wir finden, dass auch die Großeltern nun ihre Ruhe verdient haben und nicht länger für unsere Kinder verantwortlich sein müssen. Meine Frau und ich wollten eine bewusste Wahl für unser Kind treffen, wobei uns das Angebot der Krippen hier sehr entgegenkam. Wir haben bisher sehr gute Erfahrungen gemacht, z. B. können wir unser Kind jederzeit besuchen, und wir sehen, dass es sich wohlfühlt. Wir Eltern haben gute Kontakte untereinander, und wir treffen uns auch privat. Meist haben wir aber konkrete Arbeitsziele, gerade jetzt wollen wir den Krippengarten besser gestalten" (Ein Vater aus Reggio Emilia, 1990).

Weit entfernt von Orten reiner Aufbewahrung präsentieren sich die Krippen und Kindergärten in Reggio Emilia als erfahrungs- und erlebnisreiche Einrichtungen für groß und klein:

Die Kinder werden in ihrer Gesamtpersönlichkeit und in ihrer lebendigen Beziehung zur Umwelt ernstgenommen und die Familien als kompetente Partner in die Kindererziehung mit einbezogen. Die gesamte Gestaltung der Einrichtungen wie auch ihre Arbeitsweisen, so zum Beispiel die Architektur, die pädagogischen Angebote und die Zusammenarbeit mit den Familien, sind jedoch nicht beliebig zusammengetragene Elemente für den Aufbau neuer ‚Kinderparadiese', sondern vielmehr Ausdruck einer Absicht, einer bewussten und reflektierten Haltung gegenüber Kindern und den Formen der öffentlichen Erziehung. So basiert die gesamte Arbeit der kommunalen Kindereinrichtungen auf einer umfassenden Grundkonzeption, die sowohl die Ziele der Reggio-Pädagogik als auch Formen ihrer Umsetzung benennt.

3 Die Konzeption der Reggio-Pädagogik:

Grundsätze für Krippen und Kindergärten

„Bringt man die Erziehung und ihre höheren Ziele nicht in die öffentliche Debatte, damit es wenigstens einige Grundlagen für gemeinsame Vorstellungen gibt, breitet sich ‚pädagogischer Terrorismus' aus."

(Bruner 1987, S. 57)

Die Auseinandersetzung um die ‚höheren' Ziele der Kindererziehung begann in Reggio Emilia unmittelbar nach dem Krieg, als beim Aufbau des ersten Volkskindergartens Eltern und Erzieherinnen die Frage „Wohin wollen wir unsere Kinder erziehen?" in den Mittelpunkt ihrer Arbeit stellten. Zwar hatte es auch bereits vor 1945 in Reggio zum Teil heftige Debatten um die Formen und Inhalte der öffentlichen Kinderbetreuung gegeben, wobei vor allem die katholische Kirche und der italienische Staat um ihr Erziehungsmonopol stritten, der Faschismus in Italien hatte jedoch über lange Zeit hinweg eine kritische Diskussion über die Vorschulen verhindert und zahlreiche in den 20er Jahren des letzten Jahrhunderts begonnene Reformversuche zunichte gemacht. So ging es im *asilo del populo* darum, dem bis 1945 vom Faschismus bestimmten Vorschulwesen demokratische und soziale Erziehungsformen entgegenzusetzen – beispielsweise durch eine kollektive Leitung des Kindergartens von Eltern und Erzieherinnen –, und auch die kirchlich geprägten Inhalte der damaligen italienischen Kindergärten durch neue Konzepte zu verändern. Die wichtigsten Zielsetzungen im *asilo del populo* waren demzufolge eine Erziehung zu Demokratie, sozialer Gerechtigkeit und Solidarität, um über den Weg einer neuen Kindererziehung zum Aufbau einer neuen Gesellschaft beizutragen (vgl. Assessorato Alle Scuole Dell'Infanzia E Nidi Comunali Di Reggio Emilia 1985).

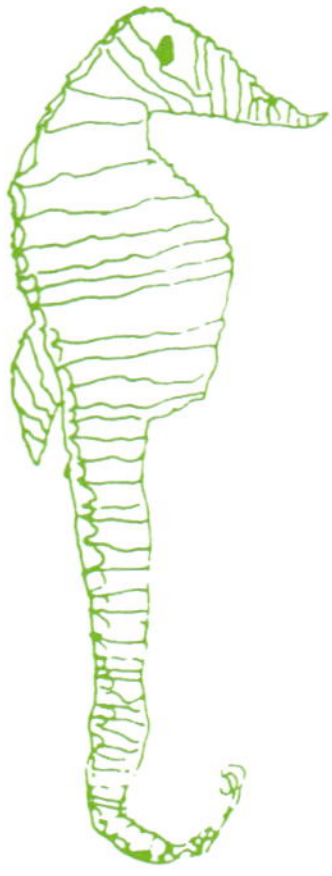

Diese politische Dimension von Erziehung findet sich bis heute im Konzept der Reggio-Pädagogik, indem sie die Kindererziehung als Teil umfassender gesellschaftlicher Prozesse beschreibt. Sie betont den engen Zusammenhang von Politik, Kultur und Erziehung und stellt vielfältige Bezüge zwischen der Arbeit in den Kindereinrichtungen und der soziokulturellen Wirklichkeit der Stadt her. Wie 1945 werden die heutigen kommunalen Krippen und Kindergärten von Eltern, Erzieherinnen und Bürgern gemeinsam geleitet. Diese kollektive Leitungsform entspricht der Struktur eines demokratischen Erziehungswesens und folgt dem Anspruch einer gemeinschaftlichen Verantwortung für Kinder. *„Die Erziehung von Kindern ist eine Sache der Familien, der öffentlichen Einrichtungen und der Gesellschaft. Als solche erfordert sie Solidarität und gemeinschaftliche Antworten, die über rein individuelle hinausgehen"* (Malaguzzi 1984, S. 9).

Nach Aussagen der Pädagogen in Reggio verlangt gerade der enge Zusammenhang von familialer und öffentlicher Erziehung nach einer stets neuen Auseinandersetzung über die Ziele der pädagogischen Arbeit, über das ‚Wohin' der Erziehung, denn: *„Wenn sich das Leben der Familien, ihre Bedürfnisse und Erwartungen verändern, können auch die Kindereinrichtungen nicht gleichgültig gegenüber diesen Wandlungsprozessen bleiben"* (Spaggiari 1983, S. 105).

Ihre Arbeit beschreiben sie als eine ‚Pädagogik des Werdens' und meinen damit, dass auch die Kindereinrichtungen in ständiger Interaktion mit dem sozio-kulturellen Umfeld stehen, gesellschaftliche Veränderungen demnach wahrgenommen und zum Anlass für neue Wege in der Erziehung genommen werden müssen. Die Frage nach den grundsätzlichen Zielen und Richtungen der öffentlichen Erziehung hat im reggianischen Modell darüber hinaus eine besondere Bedeutung, weil die Krippen und Kindergärten als Erziehungs- und Bildungseinrichtungen definiert werden. In der Zusammenarbeit zwischen Eltern, Erzieherinnen und Bürgern geht es demzufolge um die Formulierung von Erziehungszielen und um die Festlegung von Bildungsinhalten der Kindereinrichtungen, d. h. um die Frage: *„Aber wie beurteilt man ‚gut' und ‚schlecht' in der Erziehung? Woher kommen die obersten Normen und Ziele, die grundlegenden Werthaltungen, von denen jede einzelne pädagogische Handhabung als ‚gut' gerechtfer-*

tigt werden könnte? (...) Die Frage nach ‚gut' oder ‚schlecht' in Erziehung und Bildung darf nicht privatisiert werden. Sie muss vielmehr theoretisch und praktisch im vernünftigen Konsens möglichst vieler Bürger beantwortet werden" (Jank & Meyer 1991, S. 75).

Auch wenn sich in Reggio Eltern, Pädagogen und Kommunalpolitiker in einem ‚vernünftigen Konsens' immer wieder mit einer Wertediskussion um die Formen und Inhalte der Erziehung beschäftigen, gibt es dennoch verbindliche Richtlinen für die pädagogische Arbeit. Im Verlauf vieler Jahre haben Eltern, Erzieherinnen und Fachberater eine umfassende Konzeption entwickelt, die die Frage nach dem ‚Wohin' der Erziehung insofern beantwortet, als sie ihre wichtigsten Zielsetzungen benennt und Vorschläge zu deren Umsetzung macht. Diese Konzeption, in Reggio als *regolamento* (zu übersetzen mit ‚Satzung') bezeichnet, beschreibt die Aufgaben und pädagogischen Ziele der Kindereinrichtungen und schafft eine verbindliche Grundlage und Orientierungshilfe für die gesamte Praxis. Allerdings ist das *regolamento* kein starres Erziehungsprogramm, das alle Einrichtungen mit festen inhaltlichen Vorgaben und methodischen Anweisungen konfrontiert, sondern vielmehr eine Sammlung von Grundsätzen, die als ‚ideeller Überbau' eine Basis für die zahlreichen Einzelkonzeptionen darstellt, die jährlich von den Mitarbeitern der Krippen und Kindergärten selbst entwickelt werden. Für die Vielfalt und die Veränderbarkeit dieser Feinkonzeptionen – in Reggio als *progettazione*, zu übersetzen mit ‚Projektplan', bezeichnet – haben sich die Erzieherinnen und ihre pädagogischen Berater ganz bewusst entschieden, können doch auf diese Weise eigene Ideen und Auffassungen mit den Interessen der Familien am ehesten zusammenfließen und auch die Veränderungen des sozialen Lebens von Eltern und Kindern im Rahmen der pädagogischen Arbeit berücksichtigt werden: „*Da die Lebenssituationen von Kindern ver-*

schieden sind, werden wir auch verschiedene Erziehungskonzepte benötigen“ (Malaguzzi 1992, S. 17).

Den kleinsten gemeinsamen Nenner für diese Feinkonzeptionen stellt das *regolamento* dar, das sich insbesondere folgenden Fragen widmet:

1. Wie kann der Anspruch auf eine gemeinschaftliche Verantwortung für Kinder eingelöst werden, d. h. wie wird die Zusammenarbeit von Eltern, Erzieherinnen, Bürgern und Kommunalpolitikern organisiert?

2. Welchen Zielsetzungen folgt die pädagogische Arbeit mit den Kindern?

Erziehung als gemeinschaftliche Aufgabe und die *gestione sociale* 3.1

„Die Krippen und Kindergärten sind Einrichtungen des öffentlichen Interesses. Sie erfüllen ihren Erziehungs- und Bildungsauftrag, indem sie mit den Familien sowie den örtlichen Bezirksräten eng zusammenarbeiten.“ (Comune di Reggio Emilia 1983, S. 1, Art. 1).

Bereits im ersten Artikel der Satzung wird dem auch im landesweiten Krippen- und Kindergartengesetz festgeschriebenen Anspruch einer kontinuierlichen Kooperation von Eltern, Erzieherinnen und Bürgern Geltung verschafft. Darauffolgende konkrete Aufgabenstellungen sollen dazu beitragen, diesen Anspruch einzulösen und die Zusammenarbeit im Rahmen der Kindereinrichtungen, insbesondere die Eltern- und Teamarbeit, zu organisieren. Vor allem die Tätigkeiten der Leitungsräte, die sogenannten *consigli di gestione*, die alle zwei Jahre pro Einrichtung innerhalb der Eltern- und Erzieherschaft gewählt werden, sind im *regolamento* benannt und betreffen vor allem folgende Bereiche:

1. Recherchen zu den sozio-kulturellen Lebensbedingungen der Familien, hier geht es beispielsweise um die Beschäftigungsquoten von Frauen und Männern, ihre Arbeitszeiten und familiären Strukturen (wieviel Alleinerziehende gibt es, in welchen Familien arbeiten beide Elternteile, wo leben noch die Großeltern mit im Familienverbund, u. ä. m.), um über Öffnungszeiten, Personalschlüssel, Ferientermine oder neue Aufnahme-Kriterien für Kinder zu entscheiden, die sich auf die konkreten Lebenssituationen der Familien beziehen. Explizit wird in diesem Zusammenhang im *regolamento* gefordert, „Frauen den Zugang zur Arbeitswelt zu erleichtern" (vgl. Comune di Reggio Emilia 1983), indem ein breites Angebot an Krippen und Kindergärten sowie an den Arbeitszeiten der Familien orientierte Öffnungszeiten die Frauen dabei unterstützen, Beruf und Mutterschaft zu verbinden. Um die Lebensbedingungen der Familien in Reggio erfassen zu können, gibt es verschiedene Fragebögen, die jede Einrichtung regelmäßig an die Eltern verteilt und in den jeweiligen Leitungsgremien auswertet.

2. Strukturierung einer kontinuierlichen Zusammenarbeit zwischen Familien, Kindereinrichtungen und den politischen Gremien der Stadt. Hier werden einzelne Ressorts wie die Öffentlichkeitsarbeit, die Leitung der Dokumentationsstelle und der Finanzabteilung verteilt sowie die Treffen zwischen Eltern und Erzieherinnen in den einzelnen Krippen und Kindergärten, aber auch einrichtungsübergreifende Aktivitäten geplant.

3. Die Inhalte der pädagogischen Projekte in den einzelnen Krippen und Kindergärten werden diskutiert wie zum Beispiel Besuche der Kindergruppen an den Arbeitsplätzen der Eltern, darüber hinaus aber auch kulturelle und politische Aktivitäten in den einzelnen Stadtvierteln geplant und die Formen ihrer Durchführung festgelegt. In diesem Zusammenhang werden auch die Zeiten und Themen der internen

Team-Weiterbildungen in den einzelnen Einrichtungen abgesprochen.

4. Einzelne Arbeitsgruppen zur Beschäftigung mit relevanten Themen der Kindheit werden eingerichtet, wobei diese eng mit den Kommunalpolitikern zusammenarbeiten – hier mit den Senatoren für Bildung und Schulwesen –, um auf die Bedürfnisse und Belange von Kindern und ihren Familien auch hinsichtlich politischer Entscheidungen aufmerksam zu machen (vgl. Comune die Reggio Emilia 1983, S. 1–21).

Vertreter aus den einzelnen Leitungsgremien (Erzieherinnen, Eltern, Bürger und Fachberater) treffen sich in den *consigli di circoscrizione*, dies sind übergeordnete Kommissionen, die die Analysen und Beobachtungen aus den einzelnen Einrichtungen zusammenfügen und an die politisch Verantwortlichen der Stadt weiterleiten. Zu den Formen dieser Zusammenarbeit bietet das regolamento ausführliche Informationen an, die allerdings bei der Lektüre auf einen Außenstehenden recht kompliziert und bürokratisch wirken, geht es doch um Gremien, Unter- und Übergremien, Kommissionen und Arbeitsgruppen, die durch vielfältige Aufgabenstellungen miteinander verbunden sind und dem Prinzip einer Dezentralisierung politischer Entscheidungen folgen. Im ‚wirklichen' Leben ist die *gestione sociale* jedoch ein durchaus spannender und lebendiger Prozess, bei dem sich Eltern und Erzieherinnen in den wöchentlichen Leitungsgremien und Arbeitsgruppen oder auch beim gemeinsamen Kochen in einem Kindergarten über alltägliche Probleme austauschen und über ihre weiteren pädagogischen Vorhaben gemeinsam entscheiden. Insofern legt die *gestione sociale* die Strukturen und Aufgaben der kollektiven Leitung fest und bietet darüber hinaus einen verbindlichen Rahmen für den Austausch und

Dialog zwischen Familien, Kindereinrichtungen und städtischen Institutionen.

Gerade im Hinblick auf die breite Beteiligung von Familien am Geschehen der Kindereinrichtungen stellen Erzieherinnen hierzulande immer wieder die Frage: „Wie kommt es eigentlich, dass die Eltern in Reggio viel engagierter sind als unsere Eltern? Bei unseren Elternabenden kommen immer nur wenige und zudem immer dieselben Mütter und Väter." Diese Aussagen sind Ausdruck ihrer zumeist problematischen Erfahrungen mit der sogenannten ‚Elternarbeit'. Ein Grund für die häufig beklagte Abwesenheit von Eltern in den Krippen und Kindergärten und das vermeintliche Desinteresse an ihren Kindern liegt sicher in der Tatsache begründet, dass es z. B. in der Bundesrepublik kaum gesetzlich verankerte Mitbestimmungsrechte für Eltern gibt. Infolge dieser mangelnden Partizipationsmöglichkeiten ist das Gelingen einer kontinuierlichen Zusammenarbeit zwischen Eltern und Erzieherinnen zumeist von ihrer persönlichen Bereitschaft abhängig oder von der Entscheidung einzelner Einrichtungen, inwieweit sie sich für die Eltern öffnen.

Heute sollen aber gerade diese Eltern aktiv in den Krippen und Kindergärten mitwirken und angesichts der umfassenden Veränderungen ihrer Lebenssituation schafft dieser Anspruch häufig neue Unsicherheiten und Probleme.

In Reggio Emilia hingegen kann die gesamte Elternarbeit auf festen Strukturen aufbauen. Die Mitwirkung der Familien in Krippen und Kindergärten ist gesetzlich festgeschrieben und dieses Recht ermöglicht eine größere Beteiligung und stärkere Mitverantwortlichkeit gegenüber den Fra-

gen der Kindererziehung als hierzulande. Und dennoch kann man nicht sagen, dass sich die Mütter und Väter dort unentwegt um die vielfältigen Aufgaben der kollektiven Leitung ‚reißen': Auch in Reggio wird es zunehmend schwieriger, Vertreter aus der Elternschaft zu finden, die sich in die Leitungsgremien wählen lassen, denn die reggianischen Eltern sind ‚ganz normale Menschen', eingebunden in immer komplexere Lebenssituationen mit unterschiedlichen Neigungen und Interessen. Verglichen mit den politischen Bewegungen der 60er und 70er Jahre, in denen sich gerade Eltern für neue Formen der Kindererziehung engagierten, ist es in den 80er und 90er Jahre in Reggio ruhiger geworden und der vielzitierte ‚Rückzug ins Private' kann auch bei den reggianischen Familien beobachtet werden.

Einen Einblick in diese Veränderungen im Hinblick auf ihre Beteiligung in den Kindereinrichtungen ermöglichen statistische Erhebungen, die einzelne Leitungsgremien in Krippen und Kindergärten erstellt haben: Gab es im Jahre 1985 beispielsweise noch Mütter und Väter aus allen sozialen Schichten, die aktiv in den Leitungsräten mitarbeiteten, so waren dort im Jahre 1990 fast ausschließlich Eltern vertreten, die akademischen Berufen nachgingen und mehr Zeit und Engagement für ihre Kinder und die öffentliche Erziehung aufbringen konnten. In jährlichen Schriften werden die vielfältigen Erhebungen der Leitungsgremien vorgestellt, aufgelistet nach einzelnen Einrichtungen, Vierteln und der ganzen Stadt wie die Berufssparten der Elternvertreter, die sich in die Bereiche „Arbeiter", „Angestellte" und „Freiberuflich Tätige" gliedern. Ein Ziel der *gestione sociale* ist allerdings, eine schichtübergreifende Elternarbeit in den Krippen und Kindergärten zu erreichen, um dem Anspruch einer Gleichberechtigung aller Familien gerecht zu werden. Im Hinblick auf diese Zielsetzung finden beispielsweise Elternabende und Treffen der Leitungsräte zu Zeiten statt, die allen Eltern entgegenkommen und häufig auch eine Kinderbetreuung anbieten.

In den *consigli di gestione* werden vor allem deshalb statistische Erhebungen durchgeführt, um einen Einblick in die heutigen Lebenssituationen der Familien zu gewinnen und hieraus Konsequenzen für die öffentliche Erziehung abzuleiten. Nach Aussagen vieler Mitglieder der Leitungsgremien kann und darf die Arbeit in den Krippen und Kindergärten nicht indifferent bleiben gegenüber den Bedürfnissen von Eltern, die – wie ihre Kinder auch – unmittelbar von den Veränderungen, Problemen und Widersprüchen ihrer sozialen Wirklichkeit betroffen sind und mit ihren aktuellen Fragen neue Aufgaben an die Pädagogik stellen. So steigt beispielsweise auch in Reggio die Zahl alleinerziehender Mütter und Väter mit der Folge, dass für diese Eltern eine außerfamiliale Betreuung besonders wichtig ist und sie bei Aufnahmeanträgen für ihre Kinder in den Einrichtungen Priorität gegenüber verheirateten oder nichtberufstätigen Eltern haben. Zudem gibt es zahlreiche Arbeitsgruppen in Krippen und Kindergärten, die sich mit den Fragen und Problemen Alleinerziehender beschäftigen und somit eine soziale Hilfestellung anbieten. Auch die zunehmende Anzahl der ‚späten Eltern' wird in Reggio beobachtet. Sie wenden sich besonders häufig an Erzieherinnen mit der Frage: „Wie erziehe ich mein Kind richtig?" Nach Aussagen von Erieherinnen sind gerade die ‚späten' Eltern verunsichert im Hinblick auf die Erziehung ihres Kindes: Zumeist mit hohem Bildungsniveau, also auch in den vielfältigen Ratgebern zu Erziehung ‚belesen', wollen sie für ihr Kind ‚alles richtig machen', gleichzeitig fehlt ihnen häufig der familiäre Kontakt zu anderen Kindern oder zu Eltern in ähnlichen Lebenssituationen, demzufolge nehmen die Kindereinrichtungen auch einen wichtigen sozialen Stellenwert ein. Darüber hinaus ist in Reggio in den letzten Jahren eine verstärkte Zuwanderung von Immigranten aus nordafrikanischen Ländern zu verzeichnen, wodurch sich für die Kindererziehung und die Zusammenarbeit zwischen Eltern und Erzieherinnen neue Aufgaben stellen.

Die Wege der *gestione sociale* werden im reggianischen Modell deshalb ernstgenommen, weil die Pädagogen dem Dialog zwischen Familien und Kindereinrichtungen eine besonders wichtige Bedeutung zumessen, gleichzeitig aber auch die Veränderungen innerhalb der Elternschaft aufmerksam beobachten und zum Anlass für neue Wege der Zusammenarbeit nehmen. Insofern finden sich in Reggio keine eingefahrenen, immer gleichen Formen der Elternarbeit und angesichts des aktuell schwindenden Engagements der Familien auch nicht das Lamento, ‚dass früher alles besser war', sondern vielmehr das Bemühen, die tatsächlichen Fragen und Interessen der Eltern kennenzulernen und ihnen im Rahmen der pädagogischen Arbeit entgegenzukommen. Zudem sind Eltern in den Kindereinrichtungen wichtige Entscheidungsträger, und ihre aktive Beteiligung ist durch breite Partizipationsangebote sowohl bei der Leitung als auch im Alltag der Kindereinrichtungen möglich. Die *gestione sociale* ist somit mehr als nur ein formaler Anspruch auf eine Zusammenarbeit von Erwachsenen, denn sie beinhaltet auch einen wichtigen pädagogischen Aspekt: Indem Eltern bei der Planung und in der Praxis der Krippen und Kindereinrichtungen aktiv mitarbeiten, werden sie zu wichtigen

Partnern des pädagogischen Geschehens. Hierin liegt eine Antwort auf die (mögliche) Frage, was denn diese kollektive Leitung eigentlich mit den Kindern zu tun hat, denn durch die Aufhebung der strikten Trennung zwischen Familie und Institutionen erfährt auch das Kind – um das es letztendlich geht – eine Verbindung seiner Lebenswelten und die Chance zu einer ganzheitlichen Entwicklung. In diesem Zusammenhang muss jedoch nach Ansicht der Pädagogen in Reggio darauf geachtet werden, *„... illusorische Vereinfachungen im Sinne erzieherischer Kontinuität zu vermeiden und das intensive Gespräch, d.h. die permanente Dialektik der Beziehungen zu betonen“* (Rinaldi 1985, S. 176).

3.2 Ziele für die Arbeit mit den Kindern

„Die Krippe und der Kindergarten tragen zur ganzheitlichen Entwicklung der Kinder bei, indem sie ihre intellektuellen, sozialen und affektiven Fähigkeiten unterstützen. (...) Auch auf diese Weise wird den Kindern eine reiche und harmonische Erfahrung ihres Lebens ermöglicht.“
(Comune di Reggio Emilia 1983, S. 3, Art. 5)

In diesem Punkt des *regolamento* fließen die Aufgaben einer gemeinschaftlichen Leitung der Krippen und Kindergärten mit ihren pädagogischen Zielsetzungen zusammen: Eine ganzheitliche Entwicklung der Kinder soll vor allem durch die Verbindung ihrer familiären und institutionellen Erfahrungsräume gesichert werden, u.a. mit dem Ziel, die „... unnatürliche Trennung und Distanz der Kinder von der Lebenswelt der Erwachsenen aufzuheben.“ Um diesen Anspruch einlösen zu können, benennt die Satzung eine Reihe von Aufgaben für die Erzieherinnen wie beispielsweise Kenntnisse über die Lebenssituationen der einzelnen Kinder, die sie durch Gespräche mit den Eltern, durch Fragebögen oder Hausbesuche erwerben können. In diesem Zusammenhang ist es wichtig, dass die Gespräche mit den Eltern oder die Besuche von Erzieherinnen in den Familien nicht mit dem Ziel durchgeführt werden, die Eltern ‚auszuhorchen' oder zu ‚kontrollieren', oder beim Auftauchen von Problemen mit einem Kind nach dem Motto erfolgen: „Wollen wir mal sehen, was da zu Hause nicht stimmt", sondern in erster Linie darauf abzielen, das Kind in seienr familiären Umwelt und die spezifischen Umgehensweisen zwischen Eltern und ihren Kindern kennenzulernen. Zumeist erfolgen diese Besuche in der Zeit der ‚sanften' Eingewöhnung der Kinder in die Krippen und Kindergärten, die unter Beteiligung der Familien geschieht. Zudem gelten Beobachtungen zur individuellen Entwicklung der Kinder und das Wissen um ihre jeweiligen Entwicklungsabläufe als wichtige Bestandteile der pädagogischen Arbeit und Qualifikation von Erzieherinnen, und so legt das *regolamento* – in Anlehnung an das italienische Krippengesetz – folgende Aufgaben fest: *„Das erzieherische Personal muss in der Lage sein, auf die Bedürfnisse der Kinder angemessen einzugehen, indem es den Kindern eine ausreichende gesundheitliche und psycho-pädagogische Unterstützung gewährt"* (Krippen-Gesetz Nr. 1044, 1971, Art. 6, Abs. 3).

Unterstützt werden die Erzieherinnen in Reggio in diesem Zusammenhang von Fachberatern, die die Kindereinrichtungen betreuen und wichtige Hilfestellung sowohl bei pädagogischen Fragen als auch bei organisatorischen Problemen in den Fortbildungen der einzelnen Mitarbeiter-Teams geben. Diese internen Weiterbildungen und die Beratung durch Pädagogen sind in der Satzung als verbindliche Angebote für alle Mitarbeiter festgeschrieben, denn sie gelten als unverzichtbare Qualifikationsmöglichkeiten im Rahmen eines pädagogischen Modells, das Kinder in Krippen und Kindergärten nicht aufbewahren, sondern vielmehr erziehen und bilden will.

Zu den Fragen „Wohin wollen wir unsere Kinder erziehen?" und „Wie bilden wir sie?" findet sich im *regolamento* die Zielsetzung „... Kindern im Rahmen der Krippen und Kindergärten eine ganzheitliche Entwicklung zu ermöglichen, indem ihre Autonomie, ihre Kompetenz und die Solidarität in der Kindergruppe gefördert werden." Mit dem Anspruch einer autonomen und kompetenten Bewältigung ihres Lebens sollen die Kinder vor allem folgende Fähigkeiten erwerben: Kritikfähigkeit, Urteilskraft, experimentelles Denken, Kreativität sowie Kooperation und soziales Verhalten gegenüber anderen Kindern, vor allem im Hinblick auf eine Gleichberechtigung von Jungen und Mädchen. Darüber hinaus wird die Erfahrung eines Zusammenlebens von behinderten und nicht-behinderten Kindern ausdrücklich betont und die Aufnahme behinderter Kinder in Kindergruppen sowie zusätzlicher Betreuerinnen in der Satzung festgelegt. Zu den Bildungsinhalten findet sich im *regolamento* der Anspruch, dass Kinder in enger Verbindung zum sozialen Umfeld nicht allein vielfältige Kenntnisse über die Welt erwerben sollen, sondern vielmehr ‚lernen, wie man lernt' und somit die grundlegenden Strukturen für alle weiteren Lernschritte entwickeln. Wichtigstes Ziel der pädagogischen Arbeit ist laut *regolamento* eine ‚umfassend gebildete kindliche Persönlichkeit', die eine individuelle Entfaltung des Kindes mit der Entwicklung eines gesellschaftlichen Bewusstseins verbindet.

Spätestens an dieser Stelle sind enge Bezüge zwischen dem Modell in Reggio und den Merkmalen einer sozialistischen Pädagogik unübersehbar. Ähnlich wie das Erziehungssystem der ehemaligen DDR beschreibt auch die Reggio-Pädagogik ein sozialistisches Menschenbild als Grundlage ihrer Konzeption und Praxis. Sie benennt fast wortgetreu den zentralen Anspruch der DDR-Erziehungsprogramme für Krippen und Kindergärten, die insbesondere auf die Entwicklung einer ‚umfassend gebildeten sozialistischen Persönlichkeit' abzielten. Vielen Erzieherinnen aus den neuen Bundesländern ist dieser Anspruch gut bekannt, da er über lange Jahre hinweg ihre praktische Arbeit bestimmte. Bei der Betrachtung der wesentlichen Zielsetzungen des Modells in Reggio lassen sich durchaus einige Gemeinsamkeiten zu den Erziehungszielen der ehemaligen DDR entdecken, allerdings auch zahlreiche Unterschiede, die vor allem das Bild des Kindes und die Rolle der Erzieherin betreffen. Zur Verwirklichung dieser Ziele werden in Reggio jedoch grundsätzlich andere Wege eingeschlagen. Beispielsweise wird im *regolamento* ausdrücklich betont, dass eine gemeinschaftliche Erziehung von Kindern auf der „Freiheit und Individualität des einzelnen Kindes und seiner Erzieherin" aufbauen muss. Dieser Grundsatz verdeutlicht, dass eine kollektive Betreuung und eine Erziehung zur Solidarität nicht heißen kann, dass das einzelne Kind und seine Bedürfnisse wenig zählen und vor allem die Gemeinschaft einer Gruppe im Vordergrund steht. Dies wurde in den Erziehungsprogrammen der ehemaligen DDR besonders betont mit der Folge, dass in der Praxis die Anleitung von Gruppenprozessen Vorrang gegenüber individuellen Angeboten hatte.

Anders als in der DDR sehen die Pädagogen in Reggio die Entwicklung sozialer Verhaltensweisen von Kindern als untrennbar verknüpft mit ihrer individuellen Entwicklung, d. h., für sie ist der Weg zum ‚Wir' innerhalb einer Kindergruppe nur durch eine Entfaltung des ‚Ichs' und der Eigenpersönlichkeit eines Kindes möglich. In diesem Zusammenhang gehen die Erzieherinnen und Berater in Reggio davon aus, dass kein Kind wie das andere ist, und demzufolge zielt ihre Arbeit insbesondere auf das Kennenlernen des einzelnen Kindes und das individuelle Eingehen auf seine Bedürfnisse ab. Zudem beschreiben sie Kinder als aktive und kreative Subjekte ihrer eigenen Entwicklung. Diese Individualität wollen sie unterstützen und gleichzeitig durch das Angebot vielfältiger Gruppenerfahrungen zur Entwicklung einer sozialen Verantwortlichkeit bei Kindern beitragen.

An dieser Stelle wird der enge Zusammenhang zwischen dem Menschenbild der Reggio-Pädagogik und ihren Zielen deutlich, indem sie auf die Erziehung von Kindern zu ‚mündigen und freien Individuen' abzielt. Sie nimmt demnach ausdrücklich Bezug auf die Tradition der Aufklärung und verbindet deren Maxime mit dem aus der sozialistischen Bewegung stammenden Anspruch auf eine breite soziale Verantwortung des einzelnen. Über den Weg der Kindererziehung soll demzufolge „... *zur Gleichheit des menschlichen Lebens sowie zum Erhalt des Friedens, der Freiheit und Demokratie*" (Comune di Reggio Emilia 1983, S. 5) beigetragen werden.

In diesem Anspruch offenbart sich das utopische Potential und die gesellschaftspolitische Dimension, die der öffentlichen Kindererziehung in Reggio Emilia seit ihren Anfängen zugesprochen werden. Gerade bei der Betrachtung der Entstehungsgeschichte der Konzeption wird deutlich, dass die grundsätzlichen Werthaltungen in Erziehung und Bildung stets historisch-gesellschaftlich bestimmt sind und schon aus diesem Grund unreflektierte Übertragungsversuche der Reggio-Pädagogik in die hiesige Erziehungswirklichkeit scheitern müssen. Dennoch kann die Beschäftigung mit der reggianischen Konzeption zu einer neuen Auseinandersetzung mit den Formen und Bedingtheiten der öffentlichen Erziehung hierzulande insofern anregen, als sie die grundsätzliche

Frage nach dem ‚Wohin' der Kindererziehung stellt und diese Frage im Rahmen einer engen Zusammenarbeit von Eltern, Erzieherinnen und Politikern zu beantworten versucht. Wie die ‚höheren' Ziele der Reggio-Pädagogik in die Praxis umgesetzt werden können, verdeutlicht ihre Gesamtkonzeption, die eine verbindliche Grundlage für die pädagogische Arbeit darstellt, darüber hinaus jedoch allgemein genug gehalten ist, um Raum für die Einzelkonzeptionen zu geben, die jährlich von den Mitarbeitern der Kindereinrichtungen erstellt werden. Dies bedeutet, dass eine Konzeption nicht zu einer ‚Verplanung' der Kinder und ihrer Erzieherinnen führen muss, sondern ihre Entwicklung sowohl auf die sich ändernden Interessen und Bedürfnisse der Familien als auch auf die Ideen der Mitarbeiter Bezug nehmen kann. Darüber hinaus verlangt die Entwicklung einer Konzeption für Krippen und Kindergärten die Verbindung von Handlung und Reflexion, indem sich die Mitarbeiter einer Einrichtung über ihre Ziele verständigen und zudem ihre pädagogische Praxis an diesen Zielsetzungen – sozusagen das ‚Ist' und ‚Soll' von Erziehung – immer wieder messen können.

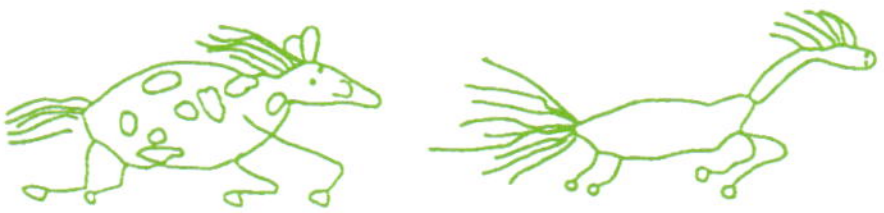

Bei Überlegungen zu einem Transfer der Reggio-Pädagogik in die hiesigen Kindereinrichtungen sollten demnach nicht die Inhalte der reggianischen Konzeption übernommen werden, sondern vielmehr können die Schritte ihrer Entwicklung als Anregung dienen: Ein Konzept beginnt in Reggio mit der Frage nach dem Menschenbild in der Erziehung, es leitet hieraus spezifische Zielsetzungen ab und macht Vorschläge zu ihrer Umsetzung in die Praxis. Insofern kann und muss die Auseinandersetzung über das ‚Wohin' der Erziehung hierzulande eigene Richtungen und Antworten finden, denn: *„Neutralität von Erziehung gibt es nicht, es gibt immer eine kulturelle und politische Dimension von Erziehung. Und weil Kinder unsere Zukunft sind, ist Erziehung auch immer Hoffnung“* (vgl. Paulo Freire 1990).

Wie wird nun das *regolamento* mit seinen Zielsetzungen in die Praxis umgesetzt? Und auf welche pädagogischen Elemente beziehen sich die jeweiligen Einzelkonzeptionen der Krippen und Kindergärten in Reggio Emilia?

Die Grundelemente der pädagogischen Praxis:

Das neue Bild vom Kind

4

„Kinder sind – ebenso wie Dichter, Musiker und Naturwissenschaftler – eifrige Forscher und Gestalter. Sie besitzen die Kunst des Forschens und sind sehr empfänglich für den Genuß, den das Erstaunen bereitet. Unsere Aufgabe besteht darin, den Kindern bei ihrer Auseinandersetzung mit der Welt zu helfen, wobei all ihre Fähigkeiten, Kräfte und Ausdrucksweisen eingesetzt werden."

(Malaguzzi 1990)

Kinder in einer Reihe mit Dichtern und Wissenschaftlern zu sehen, ist für viele ungewöhnlich. Gerade wenn sie noch klein sind, gelten Kinder häufig als hilflose Wesen, angewiesen auf Erwachsene, die sie schützen und versorgen müssen. Und erst sehr viel später, nach einem langen Prozess der Erziehung, werden diese Kinder vielleicht dichten und forschen. Die Pädagogen in Reggio hingegen setzen diesem defizitären Bild eine andere Sichtweise entgegen. Für sie sind Kinder bereits von Geburt an aktive und kreative Gestalter ihrer eigenen Entwicklung und ihrer Beziehungen zur Umwelt. Dieser Auffassung folgend, richten die Erwachsenen ihre Aufmerksamkeit auf die vielfältigen Potentiale und Wege der Kinder beim Erforschen und Entdecken der Welt. In ihren Annahmen über ein kompetentes Kind gehen die reggianischen Pädagogen sogar noch weiter. Sie sagen: „Ein Kind hat hundert Sprachen“ und meinen damit, dass Kinder auf eigene und kreative Weise ihren Eindrücken über die Welt Ausdruck verleihen. In diesem Vertrauen auf die Fähigkeiten von Kindern liegt eine der Besonderheiten des Konzeptes in Reggio. Es stützt sich auf ein *„reiches Bild vom Kind“* (vgl. Filippino 1991) und wendet sich demnach bewusst gegen Erziehungskonzepte, die erst Defizite bei Kindern festschreiben, um sie dann mit Hilfe gezielter Lern- und Förderprogramme auszugleichen, und gegen eine Praxis, deren Hauptaugenmerk darauf gerichtet ist, was Kinder ‚noch nicht können‘ mit der Folge, dass sie zu Objekten didaktischer Bemühungen gemacht werden.

Auch wenn sich die gesamte Konzeption und pädagogische Praxis in Reggio auf ein ‚reiches Kind‘ beziehen, ein starres Bild kann und darf diese Vorstellung nach Ansicht der Pädagogen jedoch nicht sein, sondern sie ist vielmehr Ausdruck der noch weitgehend unerforschten Möglichkeiten von Kindern: *„Wir müssen das Kind davor bewahren, dass an seine Stelle eine Metapher gesetzt wird, denn eine Metapher favori-*

siert den Kult und erschwert die Wahrnehmung des Individuums" (Malaguzzi 1992, S. 26).

Jede Epoche und jede Kultur hat ihre eigenen Metaphern über das Kindsein hervorgebracht, Bilder, die Vorstellungen über das Wesen des Kindes mit seiner sozialen Stellung und hieraus abgeleiteten Aufgaben verbinden. Diese Ideen von Kindheit waren zugleich mit Erziehungsabsichten verknüpft, die dem Sein und Wachsen des Kindes entsprechen, aber auch gesellschaftlichen Ansprüchen genügen sollten. *„Das Bild des Kindes ist eine Einheit von Wissen (über das Kind), von normierten Bewertungen (seines Soseins und Werdens) und von ethischen Gesinnungen, die wir in die Erziehung des Kindes einbringen"* (Schmidt 1990, S. 1).

Bei einem Blick auf die Geschichte der Kindheit finden sich eine ganze Reihe von Metaphern, die herangezogen wurden, um das ‚wahre Wesen' des Kindes und den Weg seiner Menschwerdung zu beschreiben. Bis zum 16. Jahrhundert galt ein Kind als ‚Miniatur-Erwachsener' ohne eigenen Kindheitsraum, mit frühzeitigen Aufgaben und Pflichten für die Heranwachsenden, und erst mit der Renaissance wurde die Kindheit als eigenständige Entwicklungsphase überhaupt entdeckt. In engem Zusammenhang mit den sozio-ökonomischen Bedingtheiten entwickelten sich in jeder Epoche unterschiedliche Vorstellungen über das Kind, wie beispielsweise die von Jean Jacques Rousseau, der im Kind einen ‚edlen Wilden' sah, der in naturgemäßen Rhythmen ohne verformende Erziehungspraktiken aufwachsen müsse. Oder das insbesondere von der katholischen Kirche geprägte Bild eines ‚bösen', von der Erbsünde belasteten Kindes, das nur durch frühzeitige Zucht und Ordnung zum ‚Guten' bekehrt werden könne. Eine weitere Auffassung von Kindheit findet sich bei John Locke in der Vorstellung eines ‚bedürftigen' Kindes, das allein durch Wissensvermittlung und Belehrung seine Unvollkommenheit überwinden könne und wie ein ‚leeres Gefäß' angewiesen sei auf einen Erwachsenen, der mittels Erziehung und Bildung dem Gefäß Inhalt gebe (vgl. Ariès 1975; DeMause 1977).

Bis in die heutige Zeit hinein bestimmt dieses Bild vom hilflosen, schwachen oder ‚deprivierten' Kind die Praxis der Kindererziehung, indem vielfach die kindliche Entwicklung als Überwindung von Mängeln und Unvollkommenheiten angesehen wird. Im Widerspruch zu dieser Vorstellung steht jedoch, dass heute immer höhere Ansprüche insbesondere an die kognitiven Kapazitäten von Kindern gestellt werden: Forscher wie David Elkind sprechen bereits vom ‚gehetzten Kind', das durch frühzeitige Lernprogramme in den Konkurrenzkampf um Bildungschancen gedrängt und zum Objekt einer ungeduldigen, leistungsbesessenen sozialen Umwelt wird. Gleichzeitig wird ein Verschwinden der Kindheit registriert, indem Kinder zu früh in die Problemwelt der Erwachsenen einbezogen werden (vgl. Postman 1983; Redaktion Psychologie Heute 1987).

Vielfältige Widersprüche prägen demnach die Kindheit heute. Auf der einen Seite müssen Kinder frühzeitig ‚funktionieren', um den Anforderungen unserer Gesellschaft zu genügen, auf der anderen Seite werden ihnen nur wenige Kompetenzen und Rechte eingeräumt, da sie als bedürftige und schwache Wesen gelten. Diese Widersprüche sind den Pädagogen in Reggio durchaus bewusst und sie konstatieren: *„Dem Kind werden Normen gesetzt, die die Erwachsenen für sich selbst geschaffen haben. Dadurch nehmen wir dem Kind einen großen Teil seiner Lebensfreude und seiner Fähigkei-*

ten, die Welt zu entdecken und zu verändern. (...) Kinder sind nämlich Träger unserer und Erfinder eigener Kultur. Es geht darum, die Fähigkeiten und die Kultur der Kinder wiederzuentdecken" (vgl. Malaguzzi 1984a).

Die reggianischen Pädagogen haben sich mit der Geschichte der Kindheit und den vielerorts üblichen Vorstellungen von Erziehung ausführlich beschäftigt. Ihrer Ansicht nach sind die alten Bilder und Ideologien von Kindheit jedoch wenig hilfreich, da sie den Blick auf die wahren Potentiale von Kindern verstellen und häufig nur Mythen kreieren. Ihnen geht es vor allem darum, dem Kult und der Idealisierung wirkliche Kenntnisse über Kinder entgegenzusetzen, um sie in ihrer spezifischen Lebenserfahrung verstehen zu lernen und ihren noch weitestgehend unerforschten Fähigkeiten auf die Spur zu kommen.

Um etwas über Kinder zu erfahren und um sie genauer kennenzulernen, muss man sich dort aufhalten, wo sie tatsächlich leben. Demzufolge sind die Pädagogen in Reggio seit vielen Jahren mit einer aufmerksamen Beobachtung der Praxis in den Krippen und Kindergärten beschäftigt, wobei ihr Augenmerk auf folgende Fragen gerichtet ist:

- Welche Potentiale bringen Kinder von Geburt an mit sich?
- Wie nehmen sie die Welt wahr?
- Wie interpretieren sie ihre Wahrnehmungen und Erlebnisse?
- Wie lernen sie?
- Wie gestalten sie ihre Beziehungen zur Welt und zu anderen Menschen?
- Wie verleihen sie ihren Eindrücken Ausdruck?

Diese Fragen sind auch für die Erzieherinnen Richtlinien ihrer Praxis-Beobachtungen. Ihre Aufmerksamkeit ist demnach nicht darauf gerichtet zu sehen, was Kinder ‚noch nicht kön-

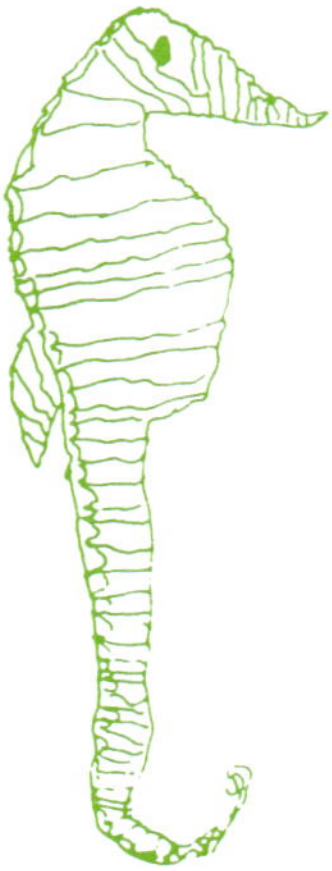

nen', sondern sie vertrauen auf die Kompetenzen von Kindern und wollen erfahren, wie sie diese in einer lebendigen Beziehung zur Welt weiterentwickeln.

Ihre Erfahrungen aus der Praxis verknüpfen die Erzieherinnen und Fachberater mit verschiedenen theoretischen Modellen, die ihnen mögliche Erklärungen für ihre Beobachtungen anbieten. Im wesentlichen beziehen sie sich hierbei auf die Arbeiten von Entwicklungspsychologen wie Jean Piaget, Lew Wygotsky oder Jerome Bruner und auf amerkanische Handlungsforscher wie John Dewey oder Kurt Lewin. Doch auch Philosophen, Kunst- und Musikwissenschaftler wie Paulo Freire, Ernst Gombrich oder Heinrich Jacoby werden herangezogen, wobei die unterschiedlichen Theorien im reggianischen Konzept einen durchaus fruchtbaren Verbund eingehen. Dieser ‚kreative Eklektizismus' ist beabsichtigt, kann es doch nach Ansicht der Pädagogen nicht allein ein einziges wissenschaftliches Erklärungsmodell für die Vielzahl von Fragen geben, die ihre Beobachtungen und ihr Zusammenleben mit Kindern immer wieder aufwerfen. Nach Ansicht der Fachberater in Reggio kann die Pädagogik allein keine Lösungen für die umfassenden Probleme der heutigen Zeit geben. So beziehen sie sich gerade in jüngster Zeit nicht allein auf psychologische oder pädagogische Theorien, sondern auch auf die Naturwissenschaften, die Neurologie und das Gebiet der Chaosforschung. Ihrer Ansicht nach haben die bisherigen linearen Entwicklungskonzepte ihre Grenzen erreicht, und sie beschäftigen sich mit Forschungen zur ‚Unvorhersehbarkeit' von Entwicklung, die neue Paradigmen für Wissenschaft und Erziehung aufstellt und u. a. kindliches Lernen als sehr komplexes Aneignungs- und Wirkungsverhältnis beschreibt. Geleitet wird ihre Auseinandersetzung mit der Forschungsliteratur von der Frage: „Was nützen diese Erkenntnisse der Praxis?", d. h., die unmittelbare Erziehungswirklichkeit gibt ihnen Anlass für weitere auch theoretisch gestützte Reflexionen. Auf diese Weise stehen Theorie und Praxis in einem produktiven und lebendigen Verbund, denn Kindererziehung ist nach Aussagen der Fachberaterin Tiziana Filippini ein „permanentes Wechselspiel von Gedanken, Praxis, Reflexion der Handlungen, neuen Erkenntnissen, einem Wechsel der Perspektive und veränderten Praxis". Folglich aktualisiert sich auch die Reggio-Pädagogik und entwickelt sich in einem konkreten Bezug auf das Heute weiter.

Wie finden nun das neue Bild vom Kind und die Erkenntnisse aus der Kindheits-Forschung ihre Umsetzung in die Praxis der reggianischen Krippen und Kindergärten? Dieser Frage soll anhand einer Darstellung der wichtigsten Grundbegriffe des Konzeptes – dem Wahrnehmen, Lernen und Gestalten – nachgegangen werden.

Die Welt wahrnehmen 4.1

„Die Lust am Lernen, am Wahrnehmen und Verstehen ist eine der ersten fundamentalen Erfahrungen, die sich das Kind allein, mit Gleichaltrigen oder Erwachsenen erhofft." (Malaguzzi 1984a, S. 1)

Man sagt: Ein Kind wird geboren. Man sagt aber auch: Ein Kind kommt zur Welt, und dieser Begriff beschreibt genauer den aktiven Weg eines Säuglings vom Moment seiner Geburt an. Nur scheinbar ist er hilflos und schwach, denn schon ein Neugeborenes bringt vielfältige Kompetenzen mit, die es ihm gestatten, seine ersten Lebenserfahrungen zu verarbeiten und seine Beziehungen zur Umwelt aktiv mitzugestalten. So belegen neuere Untersuchungen, dass bereits vier Tage alte Säuglinge Gerüche unterscheiden – zum Beispiel den der Mutter gegenüber anderen Menschen – und auch Geschmacksnoten differenzieren können. Des weiteren sind sie nicht unfähig zu sehen, wie lange Zeit angenommen, sondern erkennen Farben und Formen schon in den ersten Lebenstagen. Ihr Gehör ist hervorragend ausgebildet, und so sammeln sie über ihre Sinneskanäle vielfältige Informationen. In immer stärkerem Maße differenzieren sie ihre Sinne und ihre Wahrnehmung, indem sie zuerst Sehen und Hören und später dann Sehen und Tasten koordinieren und auch erste Formen eines Gedächtnisses entwickeln: „*Sehen, Hören und die Fähigkeit, sich zu erinnern und zu lernen, sind bei der Geburt höher entwickelt, als man ursprünglich angenommen hat. (...) Diese frühen Gedächtnisspuren sind die Grundlage für alle Arten des ‚Lernens aus Erfahrung' im späteren Leben*" (Trotter 1987, S. 21).

Mittels all ihrer Sinne nehmen junge Kinder Eindrücke über die Welt auf, ihre Wahrnehmung ist jedoch nicht passiv oder unabhängig vom Tun und Handeln. Dies wird besonders deutlich, wenn man Kinder bei ihren intensiven Erkundungen beobachtet: Mit ihrem gesamten Körper und allen Sinnen sammeln Kinder Informationen, und nur durch diese explorativen Handlungen erwerben sie innere Bilder und Vorstellungen über die Welt, die sie auf diese Weise im wahrsten Sinne des Wortes begreifen. Seit Jean Piaget ist die enge Verknüpfung von Wahrnehmung und Exploration genauer bekannt, er nennt sie ‚sensomotorische Entwicklung' und meint damit, dass Wahrnehmen und aktives Tun stets zusammengehen und Lernprozesse im frühen Kindesalter immer alle Sinne und somit den ganzen Körper einbeziehen. In der Wahrnehmung sieht Piaget einen sehr wichtigen Teil der kindlichen Entwicklung, da sie das Erkennen der Wirklichkeit ermöglicht. Das explorative Tun des Kindes ist wiederum die Umwandlung des Wirklichen, und diese Prozesse – bei Piaget als Assimilation und Akkomodation benannt – sind untrennbar miteinander verbunden. In vielfältigen Untersuchungen hat insbesondere Piaget herausgefunden, dass eine Umwelt, die alle Sinne des Kindes anregt und seine Wahrnehmung stimuliert, gleichzeitig auch seine gesamten geistigen und körperlichen Lernprozesse fördert (vgl. Piaget 1974 sowie 1975).

Die Pädagogen in Reggio wissen um diesen engen Zusammenhang von sinnlicher Anregung und aktivem Lernen, und so lautet ein wesentliches Ziel ihrer Arbeit, die Wahrnehmungsvorgänge und die gesamten Sinne des Kindes zu aktivieren und zu intensivieren. Diesem Anspruch folgt die Ausstattung der reggianischen Kindereinrichtungen, indem vielfarbige Erkundungselemente, bewegliche Objekte, Spiegel in allen Formen und Größen sowie Licht- und Schattenspiele eine Fülle sinnlicher Anreize bieten.

Sternenhimmel am Vormittag

Der flüchtige Abdruck

Vor allem dem aktiven Sehen und Beobachten kommt im gesamten Modell eine wichtige Bedeutung zu, und nicht zufällig lautet der Titel einer Reggio-Ausstellung *„Das Auge schläft, bis es der Geist mit einer Frage weckt“* (vgl. Hermann 1987). Dem Sehen wird eine außerordentlich wichtige erkenntnisvermittelnde Funktion zugesprochen, darüber hinaus zielt die „Didaktik des Auges“ jedoch darauf, unseren eingeschränkten und deformierten Sehgewohnheiten – als Folge der Überflutung von Bildern und Symbolen durch die Massenmedien beschrieben – neue und ungewöhnliche Sehweisen entgegenzusetzen. So stimulieren vielfältige Materialien in den Krippen und Kindergärten das intensive Schauen und Beobachten, aber auch neue Blickwinkel und Perspektiven werden ermöglicht: wenn man sich beispielsweise in einem Spiegelzelt hundertfach wiedererkennt, wenn bunte Transparente an den Fenstern die Welt rosarot färben oder wenn Kaleidoskope die Umgebung auf den Kopf stellen. Es geht bei diesen Angeboten sowohl um das Erkennen der Wirklichkeit als auch um das kreative Spiel mit der Wahrnehmung, indem die Kinder zugleich das Wesentliche und die Veränderbarkeit der Objekte erforschen. *„Das Erziehungskonzept heisst ausdrücklich: Fördern wir bei den Kindern den Zugang zum Wissen durch den Zugang zum Wandel der Dinge“* (Malaguzzi 1984a, S. 11).

Nicht allein visuell interessante Angebote finden sich in den Kindereinrichtungen, sondern auch Tast- und Fühlobjekte, veränderbare Skulpturen sowie geräuschproduzierende Gegenstände, denn: *„Der Wunsch des Sehens wird beim Kind begleitet vom Wunsch des Berührens. Das Sehen und mehr noch das Anfassen verstärken die Wahrnehmung, die Exploration und das Lernen“* (Comune di Reggio Emilia 1984, S. 12).

Sehen, Begreifen und Verstehen gelten im reggianischen Konzept als eng miteinander verknüpfte Teile der kindlichen Lernprozesse und so ist es für die Erzieherinnen wichtig, dass die Kinder ihre Erfahrungen möglichst direkt über alle Sinneskanäle aufnehmen und auf diese Weise umfassende Kenntnisse über die Umwelt erwerben können. Demzufolge zielen die vielfältigen Materialien nicht auf das Üben rein kognitiver Fertigkeiten, sondern – wie die Reggianer selbst sagen – auf einen *„Flirt mit den Objekten“*, auf ein Lernen mit „Kopf, Herz und Hand“. Wesentliches Ziel der Reggio-Pädagogik ist folglich eine ganzheitliche und umfassende Entwicklung des Kindes, denn wie Loris Malaguzzi betont:

„Sich als Ganzes zu fühlen, ist für das Kind – wie für jeden Menschen – eine biologische und kulturelle Notwendigkeit: ein lebensnotwendiger Zustand des Wohlbefindens."

Gerade die vielfältigen visuell-ästhetischen Materialien zur Anregung der Wahrnehmung begeistern viele Reggio-Besucher, und die Spuren dieser Begeisterung finden sich auch in den hiesigen Kindereinrichtungen, in denen Erzieherinnen Spiegel, farbige Transparente oder Kaleidoskope eingeführt haben. Sogar die Industrie hat hierzulande schon einen Markt für ‚Reggio-Spielzeug' entdeckt: Per Katalog und für ca. 800 Euro kann beispielsweise ein ‚reggianisches Spiegelzelt' bestellt werden. Vor allem Praktiker gehen der Überlegung nach, welche Materialien sie aus Reggio übernehmen könnten. Gegen eine reine Kopie der Reggio-Angebote spricht allerdings, dass interessante Objekte für sich allein genommen oder im Sinne einer Dekoration eingesetzt dann wenig bewirken, wenn sie nicht in die weitreichenderen Lernprozesse von Kindern einbezogen werden. In Reggio stützen nämlich aufmerksame Beobachtungen von Kindern und das Wissen um ihre intensiven Wahrnehmungs- und Erkundungsprozesse die Entwicklung aller Materialien. Ihr Angebot entspricht demnach einer bestimmten Absicht: *„Nicht der Gegenstand hat Bedeutung, sondern die Beziehung, die Bewegung, der Prozess"* (Comune di Reggio Emilia 1984, S. 12).

Für einen Transfer bedeutet dies, dass die ‚Reggio-Spielzeuge' nicht unreflektiert übernommen werden sollten – zumal wenn sie unter erheblichem finanziellen Aufwand erworben werden müssen –, sondern vielmehr der Dialog zwischen Kind und Umwelt ernstgenommen und zum Ausgangspunkt für die Bereitstellung von Materialien wird. Gerade Erzieherinnen wissen, dass Kinder häufig mit Alltagsgegenständen über lange Zeit intensiv beschäftigt sind und z. B. ein Gefäß mit Wasser und Sand insbesondere jungen Kindern ausreichende sinnliche Herausforderungen bietet. Hierin ist allerdings kein Argument für eine neue Kargheit in den Kindereinrichtungen zu sehen, sondern vielmehr eine Anregung zur genaueren Beobachtung der wirklichen Interessen und Beschäftigungen von Kindern sowie ihrer eigenen Rhythmen und Wege des Erkundens.

Wie dem „Flirt mit der Welt" eine Chance gegeben wird und wie ein Dialog zwischen Kindern und ihrer Umgebung aussehen kann, soll nun ein Beispiel aus Reggio zeigen.

4.2 Das Lernen lernen

In dem Kindergarten *Diana* hatte eine Erzieherin einen Papiervogel an die Fensterscheibe geklebt. Der Schatten des Vogels erschien auf dem Fußboden des Gruppenraumes. Irgendwann entdeckten die vierjährigen Kinder den Besucher, begrüßten ihn, brachten ihm Wasser und Futter und bauten ihm eine Fernsehecke zur Entspannung. Danach wandten sie sich anderen Beschäftigungen zu. Doch das Interesse an dem Vogel erwachte erneut: Hatte er wohl das Wasser getrunken, hatte er gefressen? Die Rückkehr zu ihm brachte eine Überraschung mit sich: Er war ein Stück weitergeflogen. Das Erstaunen der Kinder war groß. Nach einigen Diskussionen kamen sie auf die Idee, ihn festzuhalten. Mit Kreidestrichen malten sie seinen Umriß auf den Boden. Doch er ‚flog' weiter. Vielleicht könnte ein Käfig ihn halten? Mit Klebeband wurde ein Gitter um ihn herum befestigt. Doch wieder wanderte er weiter. Es gab Nachdenklichkeit und Diskussionen darüber, wie der Vogel wohl fliegen könne. Zur Lösung des Rätsels wurden die älteren Kinder aus der Nachbargruppe befragt. Diese hatten eine Idee: Man müsse sich verstecken und den Gast beobachten, denn in Anwesenheit von Menschen würde der Vogel sein Geheimnis nicht preisgeben. Gesagt, getan. Aus ihrem Versteck heraus beobachteten die Kinder den Vogel. Doch auf ihre Frage fanden sie keine Antwort. Ein bisher unbeteiligtes Kind kam zur Gruppe und fragte, was denn los sei. Dann erklärte es auf einen Schlag das ganze Phänomen: Der Gast sei doch der Schatten des Vogels an der Scheibe, ob dies denn so schwer zu verstehen sei? Die Erzieherinnen hatten diese Begebenheit aufmerksam beobachtet und machten sie zum Ausgangspunkt für vielfältige Projekte zum Thema Licht und Schatten. Und auch die Kinder vergaßen ihren Vogel nicht. Er wurde mit seinem Schatten zu einer Uhr, die je nach Sonnenstand Auskunft über die Tageszeit gab (vgl. Comune di Reggio Emilia 1990).

Ereignisse wie der Besuch des Schattenvogels sind in Reggios Kindereinrichtungen keine Seltenheit, denn häufig werden die Fragen und Erlebnisse von Kindern aufgegriffen und von den Erzieherinnen zum Ausgangspunkt für gemeinsame Aktivitäten und Projekte gemacht. So folgen nicht die Kinder einem festen Lehr- oder Wochenplan der Erzieherinnen, sondern die Erwachsenen nehmen die Interessen der Kinder auf und schließen sich ihren Aktivitäten an.

Diesem Vorgehen liegt die Auffassung zugrunde, dass Kinder nicht in abgetrennten Schonräumen leben, sondern in der aktuellen Wirklichkeit mit all ihren Fragen und Widersprüchen, die auch die Jüngsten bewegen. Aus diesem Grund nehmen die Erzieherinnen die Fragen der Kinder ernst, greifen sie auf und beziehen sie in ihre pädagogische Arbeit mit ein. Es sind zum Teil ganz alltägliche Erlebnisse, die gemeinsam diskutiert und auf vielfältigen Ebenen des Spiels und Erkundens bearbeitet werden, wenn beispielsweise ein Kind mit seiner Familie umzieht und alle wissen wollen, wie man zum neuen Haus von Antonia kommt und daraufhin ein Projekt zur Stadterkundung entsteht, aber auch weitergehen-

Kinder im Alter von vier Jahren konstruieren Stühle

de Themen wie der Umgang mit Computern, die Beziehung zwischen Jungen und Mädchen oder das Erleben von Geburt oder Tod, die die Kinder beschäftigen und somit auch im Kindergarten von Bedeutung sind.

Für die Pädagogen in Reggio ist die aufmerksame Beobachtung der kindlichen Fragen und Erlebnisse auch deshalb wichtig, weil sie Auskunft darüber geben, wie Kinder ihre Umwelt tatsächlich wahrnehmen, wie sie ihre Erlebnisse interpretieren und Erklärungen für ihre Erfahrungen finden. Bei ihren Versuchen, die Welt zu begreifen, beschreiten Kinder nach Ansicht der Erzieherinnen ganz eigene Wege des Verstehens und Lernens, und diesen Wegen widmen sie größte Aufmerksamkeit. Ihrer Meinung nach sind die Ideen und Vorstellungen der Kinder niemals falsch oder unvollständig und auch keine Primitivform des erwachsenen Denkens, sondern stellen eine eigene Qualität dar. Darüber hinaus ermöglichen sie Einblicke in die Erkenntniswege der

Kinder, d. h., wie sie lernen, und wie sie ihre Eindrücke nach außen tragen. Dieser Auffassung folgend, werden die Weltsicht und die Deutungsmuster von Kindern in Reggio sehr ernstgenommen. So wird beispielsweise der Frage von Kindern, warum nach einem Regenschauer in einer Pfütze alles auf dem Kopf steht, auf vielfältige Weise nachgegangen. Mit Spiegeln und Wasser forschen und experimentieren die Kinder und tauschen ihre Vorstellungen darüber aus, wer denn den Regen macht, die ein Fünfjähriger in seiner Hypothese über die Regenmacher zusammenfasst: *„Der Mann, der im Fernsehen das Wetter ansagt, macht es auch. Unter seinem Tisch hat er zwei Knöpfe, einen für Sonne und einen für Regen. Wenn er dann gesagt hat, wie das Wetter morgen wird, drückt er den richtigen Knopf“* (vgl. Comune di Reggio Emilia 1987).

Schaut man Kindern bei ihren Beschäftigungen zu, so wird deutlich, dass es für sie keine unwichtigen Fragen oder Themen zu geben scheint, sondern nur intensive und sinnvolle Lernprozesse. Ihre Aneignung von Wirklichkeit vollziehen sie mittels vielfältiger Erkundungen und Forschungen, d. h. handelnd und experimentierend entdecken sie die Welt: *„Es scheint fast, als sei für die Kinder jedes Objekt und jedes Ereignis Träger einer Bedeutung, die es wert ist, interpretiert zu werden. Diese Bedeutung ausarbeitenden Kinder erinnern mich sehr an John Dewey, der es liebte zu wiederholen, dass „wir als intelligente Wesen immer einen Sinn voraussetzen. Seine Abwesenheit ist eine Anomalie. Eine Anoma-*

Kinder in der Welt der Zahlen

lie, die die Kinder nicht bereit sind hinzunehmen" (Spaggiari, Comune di Reggio Emilia 1990, S. 9).

Kindern sinnhafte Lernerfahrungen zu ermöglichen, ist demnach ein wichtiges Ziel der Konzeption und Praxis in Reggio, wobei alle Sprachen und Ausdrucksmöglichkeiten von Kindern, gemeint sind hier ihre affektiven, sozialen, kognitiven und ästhetischen Fähigkeiten, einbezogen werden. So geht es bei den vielfältigen Erkundungen und Projekten nicht allein darum, Kenntnisse zu erwerben, sondern ‚zu lernen, wie man lernt'.

Räume zum Forschen

„Unsere Einrichtungen sind vor allem Werkstätten, in denen die Kinder die Welt untersuchen und erforschen." (Malaguzzi 1984a, S. 2)

Zu dem Werkstattcharakter tragen in Reggio die Ateliers und insbesondere die Architektur der Kindereinrichtungen bei. Sie entspricht dem Prinzip des Raumes als ‚dritter Erzieher' und ist im Sinne offener Lernorte konzipiert, die den Kindern ein autonomes Lernen mit allen Sinnen ermöglichen. Darüber hinaus gestattet die räumliche Transparenz auch vielfältige Bezüge zwischen Außenwelt und Innenraum: Dem Bild eines Aquariums nachempfunden, kann man in die Kindereinrichtungen hineinschauen, aber ebenso auch hinausblicken. Diese enge Verbindung zwischen innen und außen verdeutlicht einen wichtigen Anspruch des Modells, der sich in dem Motto widerspiegelt: „Nicht für die Schule, sondern für das Leben lernen wir".

Diesem Motto folgend, werden die Kinder durch interessante Projekte motiviert, ins soziale Umfeld hinauszugehen und beispielsweise die Arbeitsplätze ihrer Eltern oder das nahegelegene Seniorenheim zu besuchen. Aber auch ihre vielfältigen Alltagserlebnisse finden eine angemessene Berücksichtigung in den Krippen und Kindergärten. Zudem können Eltern und Großeltern ihre Kinder jederzeit besuchen, und dieser Ansatz eines *modello aperto* (‚offenes Modell') bewirkt eine sehr realitätsbezogene Praxis. In diesem Bezug auf lebensnahe und prozessorientierte Lernschritte wird die Auffassung deutlich, dass die Wirklichkeit selbst in viel stärkerem Maße als realitätsferne Lernprogramme Anlass zum Forschen und Entdecken bietet.

In diesem Zusammenhang betonen die Pädagogen in Reggio, dass der Begriff Wirklichkeit von wirken kommt. Sie meinen damit, dass sich jedes Kind auf ganz eigene Weise einen Zugang zur Welt erschafft und kindliche Aneignungsformen niemals kollektiv erfolgen. Dementsprechend finden in den Kindereinrichtungen keine immer gleichen Beschäftigungen statt, die für alle Kinder einer Gruppe gelten, sondern verschiedene Angebote, die zu Einzel- oder Gruppenaktivitäten anregen und dem Ziel einer sowohl individuellen als auch sozialen Entwicklung entsprechen.

Das Vergnügen zu lernen

„Für das Leben lernen" und die Konzentration auf die Interessen der Kinder sind Prinzipien, die jeglicher Form fester Lernprogramme widersprechen. In Reggio gibt es demnach keine starren Wochenpläne oder Beschäftigungsprogramme mit detaillierten Nah- und Fernzielen, sondern vielfältige Einzelkonzeptionen, die jede Einrichtung pro ‚Schuljahr' – gemeint ist ihre Öffnungszeit von September bis Juli – selbst erstellt. Eckwerte für diese Feinkonzepte finden sich in der Satzung des Modells sowie in den Annahmen über die

Potentiale von Kindern. Diese Grundsätze sind jedoch breit genug gefasst, um die jeweiligen Bedürfnisse und Interessen einer Einrichtung aufgreifen zu können. In ihrer Form entsprechen diese Konzeptionen somit einem offenen Curriculum, in dem Projektthemen und Vorschläge zu ihrer Bearbeitung festgehalten werden.

Wie erstellen nun die Erzieherinnen in Reggio ihre Konzeptionen, und nach welchen Kriterien wählen sie die Themen aus, die sie für wichtig erachten und mit den Kindern bearbeiten wollen? Diese Frage ist insofern von Belang, als gerade westdeutsche Erzieher – seit Jahren konfrontiert mit dem Anspruch eines ‚situationsorientierten Arbeitens' – unter der Schwierigkeit leiden, über die jeweilige Jahreszeit mit ihren spezifischen Feiertagen hinaus pädagogisch relevante Schlüsselsituationen für Kinder aufzugreifen und weiterzuführen (vgl. Zimmer 1985; Harms & Preissing 1988).

Die Rolle der Erzieherinnen: Lernprozesse begleiten

„In Reggio will man nicht ein passives Kind etwas lehren, sondern ein aktives Kind in seinen Lernprozessen unterstützen." (Filippini 1991, S. 5)

Man stelle sich vor, hier wäre Ähnliches wie im Kindergarten *Diana* geschehen: Der Schatten eines Papiervogels hätte Kinder zu der Frage bewegt, woher dieser Gast denn käme. Viele Erwachsene hätten an dieser Stelle einen sicher gutgemeinten ‚pädagogischen' Vortrag über die Wirkung von Licht und Schatten gehalten mit der Folge, dass es zwar ein Rätsel weniger gegeben hätte, ein Anlass zum Forschen und Nachdenken jedoch verpasst worden wäre.

Diesem Weg pädagogischen Handelns durch Erklärung steht die Haltung der Erzieherinnen in Reggio gegenüber. Sie verstehen sich als Begleiter und nicht als ‚Belehrer' von Kindern und sehen ihre vorrangige Aufgabe darin, die Kinder zu beobachten, sie kennen- und verstehen zu lernen und sich ihren Aktivitäten anzuschließen. Wichtig ist in diesem Zusammenhang, dass eine aufmerksame Beobachtung und sensible Begleitung von Kindern das Gegenteil einer gleichgültigen oder indifferenten Haltung ist, die sich so häufig in dem Erziehungsstil des ‚Laisser-faire' wiederfindet. Nach Ansicht der reggianischen Erzieherinnen brauchen Kinder Aufmerksamkeit und Achtung von Seiten eines Erwachsenen: *„Diese Ereignisse mit dem Schatten geschehen – so glauben wir – mit allen Kindern. Aber damit diese Begegnungen und Vertraulichkeiten nicht verloren gehen, ist ein erwachsener Zeuge notwendig, einer von jenen ein bißchen verrückten und so notwendigen Erwachsenen, wie Bronfenbrenner sie verlangt, der mitspielt, der Interesse und Erstaunen zeigt und den Wunsch hat, sich Fragen zu stellen und sich wie die Kinder in einen Detektiv und Forscher zu verwandeln"* (Malaguzzi, Comune di Reggio Emilia 1990, S. 25).

Eine wichtige Aufgabe sehen die Erzieherinnen folglich darin, zu einem Zeugen der kindlichen Entwicklungsschritte und darüber hinaus auch selbst zu einem Forscher zu werden. In dem Satz „Erziehung ist keine Einbahnstraße" vermitteln sie ihren Anspruch, die Kinder ernstzunehmen und ihren Wegen zu folgen, da sie häufig dem Erwachsenen neue Erkenntniswege erschließen und ihn zu eigenen Überlegungen anregen. Die Herausforderungen, die Kinder mit ihren Fragen zum Verständnis der Welt auch Erwachsenen stellen, sind Erzieherinnen und Eltern gut bekannt und führen sie manches Mal an die Grenzen ihres Wissens. Wer kennt schon die genaue Antwort auf die Frage von Kindern, die nach einen Zoo-Besuch wissen wollten: *„Ist ein Zebra weiß und hat schwarze Streifen, oder ist es vielmehr schwarz und hat weiße Streifen?"* (vgl. Comune di Reggio Emilia 1987).

Auch wenn in Reggio die Betreuerinnen stets offen sind für die Fragen und Interessen der Kinder, hat dies nicht zur Folge, dass der Alltag in den Kindereinrichtungen ungeplant, improvisiert oder chaotisch abläuft, denn bestimmte Themen und Projekte werden kontinuierlich von Erzieherinnen, Kunstpädagogen und Kindern gemeinsam bearbeitet. Der Zusammenhang zwischen Offenheit und Planung wird in den einzelnen Konzeptionen hergestellt, die jährlich von den Mitarbeitern der Krippen und Kindergärten erarbeitet werden und Vorschläge für die pädagogische Arbeit enthalten. Wie ein solcher Projektplan aussieht, soll an einem Beispiel aus dem Kindergarten *Diana* verdeutlicht werden, welches das Thema „Umgang zwischen Jungen und Mädchen" aufgreift.

Die Erzieherinnen hatten beobachtet, dass die vierjährigen Kinder ihrer Gruppe stets getrennt spielten. In der einen Ecke waren die Mädchen mit dem An- und Ausziehen, Kämmen und Baden ihrer Barbie-Puppen beschäftigt, in einer anderen Ecke bauten die Jungen ihre Weltraumstationen unter Einsatz vielfältiger Materialien. Ihre Eindrücke diskutierten die Erzieherinnen im Team und entwickelten den Vorschlag, die Aktivitäten der Kinder genauer zu beobachten. Mit einem Tonband nahmen sie die Äußerungen der Kinder bei ihren jeweiligen Spielen auf und waren über die Ergebnisse außerordentlich überrascht: Der Wortschatz der Mädchen war gering, er enthielt einfache Alltagsbegriffe wie ‚Essenkochen', ‚Saubermachen', ‚Einkaufen' oder ‚Umziehen'. Die Anzahl von Begriffen war bei den Jungen hingegen um das dreifache höher und umfasste Worte wie ‚Transformieren', ‚Konstruieren', ‚Ausbalancieren' oder ‚Fortbeamen'. In den darauffolgenden Teamgesprächen der Erzieherinnen entstand die Idee, dass die Kinder ihre jeweiligen Spielräume einmal tauschen sollten, um mehr über ihren Umgang mit den Lieblings-Materialien des anderen Geschlechts zu erfahren. Die

Jungen konnten allerdings mit der Puppenecke wenig anfangen und verschwanden nach kurzer Zeit in den Garten, die Mädchen machten aus der Weltraumstation eine Fernsehshow, in der sie die neuesten Hits und Moden vortrugen.

Nach dieser Beobachtung entschlossen sich die Erzieherinnen, auch die Eltern über ihre Eindrücke zu informieren, und gemeinsam wurde die Entscheidung getroffen, ein Projekt zu diesem Thema in den kommenden zwei Jahren durchzuführen. Hierzu wollten alle Beteiligten eigene Erfahrungen mit ihrem Frau-Mann-Sein reflektieren und Fachleute zu diesem Thema einladen. Des Weiteren sollte über den Einfluss von Medien auf das Spielverhalten von Kindern recherchiert werden, um dann die nächsten Projektschritte zu entwickeln.

Diese Art des Vorgehens verdeutlicht ein Prinzip der Planungsarbeit in Reggio: Am Anfang stehen stets die Beobachtungen der Kinder, die dann im Team diskutiert werden, wobei auch die Eltern in die Entscheidung für ein bestimmtes Thema einbezogen sind. Wichtig ist hierbei, dass die Erwachsenen ihre Planung nicht als ‚Verplanung' der Kinder sehen, sondern vielmehr versuchen, sich auf die künftigen Interessen und Fragen der Kinder vorzubreiten. Auf diese Weise lernen auch sie ständig neu, und Projekte wie „Kinder und Computer", „Licht und Schatten" oder „Stadterkundung" fordern von den Betreuerinnen eine kontinuierliche Weiterbildung. In diesem Zusammenhang erfahren die Erzieherinnen durch ihre Berater Unterstützung und müssen demzufolge nicht allein forschen. Diese Erfahrung lässt sie mittlerweile ganz selbstbewusst fordern, dass ihre Fachberater relevante For-

schungsergebnisse für die Praxis aufarbeiten und angemessen präsentieren. Hinzu kommt, dass ihre Arbeit weit über das reine Handeln ‚am Kind' hinausreicht, da für sie die Beschäftigung mit Philosophie, Physik, Mathematik und Musik ebenso wie die Fähigkeit zum Fotografieren oder Drucken zu ihrem Verständnis von erzieherischer Kompetenz gehören.

Bei ihrer Frage, wie Kinder Wirklichkeit erleben und sich die Welt aneignen, beziehen die Pädagogen in Reggio vor allem aber auch die Phantasie und Vorstellungskraft der Kinder mit ein: *„Je größer der Kontakt mit der Realität ist, um so größer wird auch die Fähigkeit zur Phantasie. Die Phantasie ist das Fernrohr für die Realität"* (Comune di Reggio Emilia 1990, S. 12).

Wie das Beispiel des Schattenvogels zeigt, betten Kinder ihre Erfahrungen und Erlebnisse häufig in Geschichten ein. So gehören nach Aussagen der Pädagogen zu den hundert Sprachen der Kinder auch die magischen und irrealen Anteile, die Kinder bei ihren Lernschritten äußerst kreativ einsetzen. Viel Zeit verbringen die Kinder mit Rollenspielen, kleinen Theaterinszenierungen, Phantasiereisen oder dem Bauen von Masken und Puppen, die sie zusammen mit Mariano Dolci, dem wohl einzigen im Rahmen von Kindereinrichtungen fest angestellten Puppenspieler Europas, entwerfen und gestalten. Erinnert sei hier an den Satz von Loris Malaguzzi: „Kinder sind Träger unserer und Erfinder eigener Kultur". Dass auch junge Kinder wirkliche Erfindungen machen können, zeigt ein Beispiel einer Gruppe von Vierjährigen aus einem reggianischen Kindergarten: Vom Aufblasen der vielen Luftballons, die ein Junge zum Geburtstag bekommen sollte, waren die Kinder müde und erschöpft und fragten, ob man dafür nicht eine Maschine bauen könnte. Sie entwickelten mit ihren Erzieherinnen in einer zweiwöchigen Planungs-, Diskussions- und Bauphase eine riesige Luftballonaufblasmaschine, die fast die Hälfte ihres Gruppenraumes ausfüllte (vgl. Bauer 1992).

Insbesondere die im reggianischen Konzept aufgezeigte Rolle der Erzieherin als einer Begleiterin von Kindern stellt bei Transferversuchen hierzulande eine besondere Herausforderung dar. Von „wir müssen den Kindern doch etwas beibringen" bis hin zu „wir geben den Kindern gar nichts mehr vor" reicht das Spektrum an Zielbeschreibungen von Erzieherinnen, die ohne fachliche Unterstützung und ohne Vor- und Nachbereitungszeiten ihren Weg in der Praxis allein finden müssen. Aus diesem Grund ist es sicherlich kein leichtes Unterfangen, eigene Ideen außerhalb des konkreten Handelns ‚am Kind' zu entwickeln und somit die Momente der Planung und Spontaneität im Zusammenleben mit Kindern so zu vereinen, wie es die Erzieherinnen in Reggio tun können. Entscheidend und in diesem Falle wirklich nachahmenswert ist jedoch ihre grundsätzliche Haltung gegenüber dem Kind: Sie wollen ihm nichts ‚beibringen' und dadurch zeigen, dass sie selbst stark, das Kind hingegen schwach ist, sondern sie vertrauen auf die kindlichen Fähigkeiten und Potentiale. Zudem sind die Betreuerinnen bemüht, das Kind genauer kennenzulernen, das sie konkret vor sich haben. Indem sie es beobachten und seinen Rhythmen und Wegen folgen, vermeiden sie die Eile und den Druck, die häufig dem Belehren innewohnen und das Lernen immer auf ein Später beziehen.

Und so erinnert die Haltung der Erzieherinnen in Reggio an Janusz Korczak, der mahnte: *„Wir dürfen die Gegenwart der Kinder nicht einer ungewissen Zukunft opfern"* (vgl. Korczak 1979).

4.3 Wie Kinder gestalten: Dem Eindruck einen Ausdruck verleihen

„Kinder haben hundert Sprachen. Davon rauben wir ihnen neunundneunzig." (Malaguzzi, Comune die Reggio Emilia 1990, S. 1)

Bevor die Gestaltungswege von Kindern in den reggianischen Einrichtungen genauer betrachtet werden, sei an dieser Stelle ein Blick auf den Umgang mit der kindlichen Kreativität hierzulande geworfen.

Die meisten Reggio-Besucher sind von der Architektur der Kindereinrichtungen, ihren Tagesabläufen, den anregenden Materialien und pädagogischen Projekten äußerst begeistert. Doch spätestens dann befällt sie große Skepsis, wenn sie die vielfältigen ‚Kunstwerke' der Kinder betrachten und diese mit dem Satz kommentieren: „Das haben die Kinder doch niemals alleine gemacht!" Angesichts der filigranen Zeichnungen, der vielfarbigen Gemälde oder technisch anspruchsvollen Graphiken der Kinder in Reggio mag diese Skepsis berechtigt sein, zumal wenn man die Altersstufen der jungen ‚Künstler' bedenkt. Zumeist ist diese Ungläubigkeit jedoch zurückzuführen auf die ganz persönlichen Erfahrungen von Erzieherinnen mit gestalterischen Tätigkeiten sowie auf ihre Praxis in Kindereinrichtungen mit den vielerorts üblichen Beschäftigungsangeboten, die häufig über jahreszeitlich motivierte Basteleien – im Winter der Schneemann, im Sommer die Blumenwiese, im Herbst der Blätterbaum – nicht hinausreichen. Diese Produkte schmücken dann als dekorative Elemente die Gruppenräume oder sie dienen zur Legitimierung der eigenen pädagogischen Arbeit gegenüber den Eltern, denen am Ende des Kita-Tages ein Werk ihres Kindes überreicht wird. Die gestalterischen Tätigkeiten von Kindern werden in vielen Einrichtungen auf die sogenannten ‚Beschäftigungen' beschränkt, die als ‚Tuschen', ‚Schneiden' oder ‚Kneten' im

Wochenplan vermerkt sind und als fester Bestandteil des Tagesablaufes gelten. Diese Angebote finden häufig zwischen den täglichen Stationen des Freispiels und des Mittagessens statt, dauern selten länger als 20 Minuten und stehen mit den Erlebnissen von Kindern kaum in Verbindung. Zu der zeitlichen Einschränkung kommt hinzu, dass die Kinder diese Beschäftigungen fast ausschließlich am Tisch sitzend ausführen und zumeist festgelegte feinmotorische Aufgaben erfüllen sollen wie beispielsweise das Ausmalen vorgezeichneter Figuren oder das Bekleben von Objekten, die Erzieherinnen zuvor mit Schablonen gefertigt haben.

Im Widerspruch zu dieser Praxis stehen die Erfahrungen von Eltern, die im Zeichnen vielfach eine ganz natürliche Ausdrucksform ihrer Kinder sehen und dies durch die Aussage belegen, dass ihre Kinder „gern und viel malen", d. h. Zeichnen und Malen scheinen auf irgendeine Weise zum Kindsein zu gehören. Häufig berichten Eltern voller Stolz, dass ihr Kind „sehr schön malen kann" und führen dies auf eine besondere Begabung zurück, die allerdings nur eine spezifische Lebensphase zu umfassen scheint. Wenn nicht bereits mit Beginn der Schulzeit, so doch spätestens im Erwachsenenalter enden diese Begabungen und mit ihnen die kreativen Fähigkeiten oftmals abrupt, und die meisten Erwachsenen reagieren auf die Aufforderung, etwas zeichnerisch darzustellen, mit dem erschreckten Ausruf: „Ich kann aber gar nicht malen!" Gleichzeitig möchte jeder gern kreativ sein, genießen doch phantasievolle, originelle und spontane Menschen besondere gesellschaftliche Anerkennung. So sind viele Erwachsene in Kursen und Ferienseminaren damit beschäftigt, sich ihre verschütteten kreativen Fertigkeiten wieder mühsam anzueignen.

Die Schuld an dem Bruch zwischen der Kindheit mit ihren vielfältigen Ausdrucksformen und dem Erwachsenenleben, in dem gestalterische Tätigkeiten zumeist wenig Raum einnehmen, wird häufig der Schule zugeschrieben, die das Zeichnen und Malen mit Noten und Bewertungen konfrontiert, zwischen ‚richtiger' und ‚falscher' Darstellung unterscheidet und zudem die ‚wahre Kunst' als Maßstab für jegliche Kreativität setzt. Durch diese Leistungsanforderungen wird tatsächlich vielen Kindern der spontane Zugang zu Gestaltungsprozessen verwehrt oder es werden einseitige Techniken gelehrt, die das umfangreiche Spektrum ihrer eigentlichen Ausdrucksmöglichkeiten einengen. Doch auch die Eltern tragen zu einer Verkümmerung der kindlichen Kreativität bei, die sie bei sich selbst häufig als Mangel empfinden. Sätze wie: „Narrenhände beschmieren Tisch und Wände" oder „Nimm doch das schöne Händchen zum Malen" scheinen für moderne Eltern zwar ins Museum der schwarzen Pädagogik zu gehören, ihre Eingriffe in die Gestaltungsprozesse von Kindern sind jedoch auf subtilere Weise genauso wirksam. Welcher Erwachsene hätte sich nicht schon beim Anblick einiger weniger ‚Krakeleien' eines Kindes zu der Äußerung hinreißen lassen: „Bist du denn schon fertig? Dein Blatt ist doch noch so leer!" So harmlos diese Bemerkung klingen mag, ihre Wirkung auf das Kind ist jedoch nicht unerheblich, denn in diesem Satz verbirgt sich die Aussage, dass das Kind nicht weiß, was es tut und der Erwachsene entscheidet, wann sein Werk beendet ist.

Auch übliche Fragen wie „Was hast du denn da gemalt?" oder Bemerkungen wie „Das ist aber ein schönes Bild!" sind bereits Ausdruck von Interpretationen und ästhetischen Bewertungen, die häufig an die Stelle einer unbefangenen Betrachtung des Kindes und seines Werkes gesetzt werden. Die wenigsten Eltern – wie auch die wenigsten Erzieherinnen –

wissen, warum ein Kind kritzelt, malt und zeichnet, wie sich seine gestalterischen Ausdrucksformen entwickeln und auf welche Weise sie mit der gesamten kindlichen Persönlichkeit verbunden sind. Allenfalls Psychologen und Therapeuten haben Kinderzeichnungen als Mittel entdeckt, den eventuellen seelischen Irrwegen von Kindern auf die Spur zu kommen. Aufgrund des Nicht-Wissens vieler Praktiker um die kindlichen Gestaltungsprozesse, wie zum Beispiel den engen Zusammenhang von motorischer, sprachlicher und zeichnerischer Entwicklung, werden in der Kindererziehung häufig frühzeitige Stigmatisierungen vorgenommen und ‚begabte' von ‚unbegabten', ‚musikalische' von ‚unmusikalischen' Kindern unterschieden. Wie diese Zuschreibungen die Lebenswege von Kindern auf erhebliche Weise einengen, belegen Autoren wie Alice Miller oder Heinrich Jacoby, die in ihren Schriften dafür eintreten, jedes Kind als einzigartiges und kreatives Wesen anzuerkennen, als ein Wesen, das vielfältige Anlagen mit sich bringt, die es in einer nichtstigmatisierenden Umwelt entfalten kann (vgl. Miller 1979; Jacoby 1987). Nicht zuletzt aufgrund dieser Arbeiten beschäftigt sich die Forschung in zunehmendem Maße mit der frühen Kindheit, die sie als wichtige Schaffens- und Kreativitätsphase beschreibt und für die Praxis eine größere Aufmerksamkeit und Sensibilität gegenüber den Gestaltungsprozessen von Kindern fordert. Insbesondere im Hinblick auf die sinnlich-ästhetischen Erfahrungen von Kindern vor der Schule betonen Wissenschaftler: *„Kindliche Bildnerei ist noch nicht Kunst, sondern vorbereitende Übung des Organs der Kunst, des Raum-, des Körper-, des Farbgefühls"* (Grötzinger 1984, S. 15).

An dieser Stelle soll allerdings nicht darauf eingegangen werden, ob es eine eigenständige ‚Kinderkunst' gibt – diese Auseinandersetzung findet sich ausführlich bei Wolfgang Grötzinger –, sondern es soll der Frage nachgegangen werden, welche

Bedeutung kreative Tätigkeiten für die Entwicklung von Kindern haben und wie dieses Wissen in die pädagogische Praxis einfließen kann, um der kindlichen Kreativität den Wert einzuräumen, den ihr nicht zuletzt auch arrivierte Künstler zusprechen. So soll Pablo Picasso einmal gesagt haben: *„Ich konnte schon früh zeichnen wie Raphael, aber ich habe ein Leben lang dazu gebraucht, wieder zeichnen zu lernen wie ein Kind“* (Redaktion Psychologie Heute 1987, S. 116).

Kreatives Gestalten in Reggio

„Der wahre Sinn der Kunst liegt nicht darin, schöne Objekte zu schaffen. Es ist vielmehr eine Methode, neu zu verstehen, ein Weg, die Welt zu durchdringen und den eigenen Platz zu finden.“ (Auster 1990, S. 17)

Wesentlicher Grundsatz der Reggio-Pädagogik ist die Achtung der Gesamtpersönlichkeit des Kindes und die Anerkennung seiner hundert Sprachen. Somit gehören zu den sozialen, affektiven und kognitiven Fähigkeiten von Kindern auch ihre ästhetisch gestalterischen Ausdrucksmöglichkeiten, denen in Reggio eine besondere Aufmerksamkeit zuteil wird. Schon die Zusammenarbeit von Künstlern, Kunstpädagogen und Erzieherinnen sowie das Vorhandensein von Ateliers in allen kommunalen Kindereinrichtungen zeugen von der Einbeziehung aller Sprachen der Kinder in die pädagogische Arbeit. Wichtig ist in diesem Zusammenhang jedoch, dass in den Krippen und Kindergärten kein unter didaktische Zwänge gestellter Kunstunterricht und auch kein ‚visuelles Training‘ erfolgt, sondern vielmehr die gestalterischen Tätigkeiten von Kindern als Teil ihrer Aneignung von Wirklichkeit anerkannt werden.

Bei ihren Versuchen, die Welt kennen- und verstehen zu lernen, beschreiten Kinder ganz eigene Wege und greifen hierbei zu den unterschiedlichsten Mitteln. Indem sie zeichnen, malen, collagieren, mit Draht, Ton, Wasser und Papier experimentieren, setzen sie sich aktiv mit ihrer Umwelt auseinander, verarbeiten ihre Erlebnisse und verleihen darüber hinaus ihren Eindrücken neuen Ausdruck: *„In der Zeichnung gibt das Kind seine Erlebnisse und Erfahrungen wieder (...), d. h. die Dinge werden in subjektiver Sicht gedeutet und beurteilt*" (Brügel 1992, S. 3).

Darstellen heißt Klarstellen

Die vielfältigen Materialien und Projekte in den reggianischen Einrichtungen sollen demnach zu der aktiven Auseinandersetzung zwischen Kindern und ihrer Umwelt beitragen und ihre hundert Sprachen einbeziehen. Dies ist beispielsweise zu beobachten, wenn Fünfjährige die Wahrzeichen der Stadt Reggio – vier steinerne Löwen auf einer *piazza* – besuchen: Sie betrachten diese großen Tiere ausführlich, befühlen sie, vermessen sie, zeichnen ihre Schatten ab und beginnen, die Löwen im wahrsten Sinne des Wortes zu begreifen, um sie dann im Kindergarten mit Ton, Farben, Licht- und Schattenspielen zu neuem und ungeahntem Leben zu erwecken. Die Pädagogen in Reggio wissen, dass sich Kinder mit all ihren Sinnen die Umwelt aneignen und hierbei vor allem durch ihre gestalterischen Tätigkeiten unendlich viel lernen. Sie sagen: „Gestaltungsprozesse sind Erkenntnisprozesse", und meinen damit, dass eine intensive Wahrnehmung, eine ausführliche sinnliche Erkundung der Umgebung sowie alle kreativen Tätigkeiten von

Kindern eng verknüpft sind mit dem Verstehen der Welt. *„Mit der Zeichnung strukturiert das Kind seine Wahrnehmung (…), oder mit den Worten von Rudolf Seitz: ‚Darstellen heisst Klarstellen.‘ Damit ist ein Prozess der geistigen Erfassung von Wirklichkeit gemeint, wobei die Zeichnung selbst als Medium des Denkens angesehen werden muss*“ (Brügel 1992, S. 3).

Dass nach dem intensiven Flirt zwischen Kindern und den Löwen auf der *piazza* in den Ateliers dann häufig ganz erstaunliche ‚Kunstwerke‘ entstehen – wie beispielsweise verblüffend echt wirkende wilde Tiere und phantasievolle Fabelwesen – ist nicht vorrangiges Ziel der Erzieherinnen und Künstler in Reggio. Ihrer Ansicht nach stehen nicht die Produkte der gestalterischen Angebote im Vordergrund, sondern die Prozesse, die die Kinder bei ihrer Auseinandersetzung mit der Wirklichkeit vollziehen. Auch hier folgen die Pädagogen und Kunsterzieher aufmerksam den Wegen der Kinder, und sie beschäftigen sich seit Jahren mit folgenden Fragen:

- Aus welchem Grund malen und zeichnen Kinder?
- Mit welchen Mitteln verleihen sie ihren Eindrücken einen Ausdruck?
- Auf welche Symbole greifen sie hierbei zurück?
- Wie entwickeln sich ihre Fertigkeiten durch das Angebot verschiedenster Materialien?
- In welchem Zusammenhang stehen Wahrnehmungs-, Lern- und Gestaltungsprozesse?

Wiederum beziehen sie sich bei diesen Fragen auf Beobachtungen aus der Praxis und auf Theorien zur kindlichen Entwicklung unter dem Gesichtspunkt ihrer bildnerischen Ausdrucksmöglichkeiten. So wissen sie zum Beispiel, dass das Malen und Zeichnen bei jungen Kindern eng mit ihrer motorischen Entwicklung verbunden ist. Aus diesem Grund finden sich in allen Krippen und Kindergärten Staffeleien, an denen schon die Jüngsten ihre Malerfahrungen mit Bewegungen und beispielsweise auch mit einem beidhändigen Malen verbinden können.

Das Vorhandensein von Staffeleien wie auch die vielfältigen Alltagsmaterialien oder die zahlreichen Fotos und Abbildungen, die den Kindern zur Verfügung stehen, weisen darauf hin, dass sich die Pädagogen in Reggio bewusst für eine Anregung der kindlichen Gestaltungskräfte entschieden haben. Sie wollen Anlässe schaffen, die zum einen den Zugang zur Wirklichkeit auf sinnliche Weise gestatten, zum anderen aber auch eine Weiterentwicklung der malerischen und zeichnerischen Fertigkeiten von Kindern ermöglichen.In dieser Konzentration auf die Gestaltungsprozesse bei Kindern liegt nach Aussagen der Pädagogen in Reggio ihre Stärke und Schwäche zugleich. Sie haben in der langjährigen Arbeit mit Künstlern vielfältige Ideen entwickelt und außergewöhnliche Umsetzungsformen gefunden, die ihre Ausstellungen mit den Werken der Kinder zeigen, die schon einige Male um die Welt gingen. Allerdings findet sich im musischen Bereich keine solche Entwicklung. Nach Einschätzung der reggianischen Pädagogen liegen hier Defizite ihres Modells, werden doch dies wichtigen ‚Sprachen' von Kindern nicht so umfassend angeregt wie das Zeichnen und Malen. Vielleicht könnten in diesem Zusammenhang vorhandene innovative Modelle aus der Bundesrepublik nach Reggio ‚importiert' werden. Entscheidend bei diesen Angeboten ist jedoch, dass sie nicht in Form produktorientierter Aufgabenstellungen erfolgen, die die Kinder ‚richtig' oder ‚falsch' erfüllen können, sondern im wahrsten Sinne des Wortes Anregung zur weiteren Auseinandersetzung mit der Umwelt sind.

Erinnert sei hier an den Besuch des Schattenvogels. Im AnSchluss an dieses Erlebnis regten die Erzieherinnen und Kunstpädagogen die Kinder zu Beobachtungen und Experimenten mit dem eigenen Schatten an, wobei sie insbesondere die Frage heftig diskutierten, woher der eigene Schatten eigentlich kommt: Aus den Füßen? Aus den Schuhen? Was passiert mit dem Schatten, wenn ich meine Schuhe ausziehe? Wo bleibt der Schatten, wenn ich in die Luft springe? Nach diesen Experimenten malten die Kinder ihre Schattenbilder, je nach eigener Erfahrung groß oder klein, mit Rock oder mit Hose. Dann wollten sie wissen, ob denn alles in der Welt einen Schatten habe und gingen mit dieser Frage hinaus in die Sonne. Das Gras wurde nach Schatten untersucht, die Mauer im Garten, die Spielzeuge und schließlich kamen die Kinder zu dem Schluss: „Alles hat einen Schatten, außer der Ameise". Dann malten sie die Schatten aller Wesen und Dinge, die sie beobachtet hatten. Als die Kinder entdeckten, dass sie bei Regen ihren Schatten nicht finden konnten – eine mögliche Erklärung hierfür fand ein fünfjähriges Mädchen: „Wenn es regnet, geht der Schatten in uns, damit er nicht nass wird" –, fragten sie den Kunsterzieher, wie man auch ohne Sonne einen Schatten machen könne. Zusammen bauten sie verschiedene Lichtquellen im Atelier des Kindergartens auf, um zu untersuchen, wie sich ihre Hände, Arme, Köpfe und Schuhe in Schatten verwandeln, dann zeichneten sie die Schattenumrisse ihrer Freunde und Freundinnen und untersuchten, wie sich der Schatten ihrer Lieblingspuppe verändert, wenn statt einer zwei Lampen leuchten. Zudem kreierten sie mit weißen Tüchern und großen Lampen ‚Monsterschatten', die sich bekämpften und später wiederum gemalt wurden. Auch die Eltern wurden in die Wunderwelt der Schatten einbezogen. Von den vielen Erzählungen seinen Sohnes beeindruckt, lud ein sportbegeisterter Vater die gesamte Kindergruppe abends ins Fußballstadion ein, um unter der Flutlichtanlage ihre vielfachen Schatten zu entdecken (vgl. Comune di Reggio Emilia 1990).

Kinder arbeiten im Projekt „Menschenmenge"

Dieses Vorgehen verdeutlicht, inwieweit in Reggio die Gestaltungsprozesse von Kindern in ihre gesamten Erfahrungs- und Lernschritte eingebettet werden. Insofern ist das Angebot sinnlich-ästhetischer Zugriffsweisen auf die Wirklichkeit nicht gleichzusetzen mit den vielerorts üblichen Beschäftigungen, die wenig mit den Interessen von Kindern zu tun haben oder nur einzelne technische Fertigkeiten abverlangen. Darüber hinaus finden die Gestaltungsphasen in Reggio stets über längere Zeiträume statt, sie sind also nicht schnell beendet, sondern werden von den Erzieherinnen und Kunstpädagogen immer wieder aufgegriffen und den Kindern als mögliches Angebot vorgeschlagen. So beschreiben sich die Erwachsenen als das Gedächtnis der Kinder und regen in den täglichen Projektphasen zu weiteren Experimenten an, denen die Kinder allein oder in Kleingruppen sowohl im Atelier als auch in den Gruppenräumen nachgehen können. Auch in diesen Projekten finden sich immer wieder Bezüge zur Kultur und Geschichte der Stadt, wenn die Kinder beispielsweise an der Weinernte teilnehmen, an Lichttischen den reggianischen Sternenhimmel neu kreieren oder entdecken, wie aus den Oliven der Region Öl gemacht wird.

Die Wertschätzung gegenüber den kreativen Tätigkeiten der Kinder wird auch dadurch deutlich, dass ihre Arbeiten dokumentiert, in den Einrichtungen regelmäßig ausgestellt werden und zudem jedes Kind am Ende seiner Kindergartenzeit eine umfangreiche Mappe mit seinen Werken erhält. Dieser ‚Schatz' sowie die Erfahrungen mit kreativen Tätigkeiten stellen nach Ansicht der Pädagogen wichtige identitätsfördernde Elemente dar. Und so antworten sie auf die Frage vieler Besucher, die berechtigterweise befürchten, spätere Schulerfahrungen könnten die Kreativiät von Kindern wieder zerstören, dass zwar auch die italienischen Grundschulen wenig mit ihrem Modell gemein haben, aber eine sechsjährige Erfahrung mit der Reggio-Pädagogik eine wichtige Grundlage für das Leben der Kinder darstellt.

Die Kinder sagen: „Es ist wirklich eine Menschenmenge, die beste Menschenmenge aller Zeiten!"

Gerade die Annahmen zu den hundert Sprachen der Kinder haben vielerorts die Auffassungen über die bildnerischen Kräfte von Kindern revidiert. So wurden in zahlreichen Einrichtungen hierzulande Kunsterzieher eingestellt und Ateliers errichtet, um den Kindern vielfältige sinnliche Erfahrungen anzubieten. Wichtig bei diesen neuen Formen der pädagogischen Arbeit ist jedoch, dass Künstler und Kunsterzieher nicht als ‚Spezialisten' für einige wenige Stunden in der Woche eingeladen werden sollten, sondern kontinuierlich mit den Kindern arbeiten. Denn nur auf der Basis vertrauensvoller Beziehungen und weitreichender Kenntnisse über die einzelnen Kinder können ihre Wege beim Verstehen der Welt und ihre Prozesse der Gestaltung verstanden und angemessen begleitet werden.

Diese Konzentration auf Entwicklungsprozesse anstelle eines Blickes auf die Produkte von ‚Beschäftigungen' stellt für viele Erzieherinnen hierzulande eine besondere Herausforderung dar, nicht zuletzt für die Betreuerinnen aus der ehemaligen DDR. Ihre Erziehungsprogramme definierten zwar wichtige Entwicklungsbereiche von Kindern wie die sensomotorische, die sprachliche, die bildnerische und musische sowie die gesellschaftliche und soziale Entwicklung. In diesem Zusammenhang wurden jedoch festgelegte Aufgaben für die Kinder formuliert. In allen Bereichen gab es genaue Zielsetzungen, die durch spezifische ‚Führungsstrategien' seitens der Erzieherinnen erreicht werden mussten (vgl Programm für die Erziehungsarbeit in Kinderkrippen 1985). Doch auch für die Erzieherinnen der alten Bundesländer gilt, dass sie keine festen Vorgaben für die kreativen Tätigkeiten von Kindern machen sollten, sondern vielmehr nach aufmerksamen Beobachtungen Anlässe schaffen, die die Kinder zu weiteren Erfahrungen anregen. Diesem Ziel folgt auch Eberhard Brügel in seinen Richtlinien für Eltern und Erzieherinnen im Hinblick auf die kindliche Kreativität:

„1) *Korrigiere niemals ein Bild, eine Plastik oder ein Objekt, das Kinder hergestellt haben!*
2) *Lasse die Kinder spüren, dass Du ihre Bilder schätzt!*
3) *Dränge niemals Kinder dazu, ihre Bilder zu erklären, wenn sie es nicht von sich aus tun!*
4) *Ermuntere Kinder zum Zeichnen, Malen, Collagieren, Formen und Bauen! Gib ihnen Anregungen! Stelle aber keine fest formulierten Aufgaben oder Aufträge!*
5) *Sei neugierig auf das, was einzelne Kinder produzieren! Auf diese Weise lernt man die individuellen Neigungen und Veranlagungen am besten kennen!*" (Brügel 1992, S. 10)

4.4 Zusammenfassung und Ausblick

Die gesamte Reggio-Pädagogik fußt auf einer Konzeption, die mit der Frage „Wohin wollen wir unsere Kinder erziehen?“ eine grundsätzliche Wertediskussion über die Formen der öffentlichen Erziehung in die Praxis der Krippen und Kindergärten einbringt. Verbindliche Zielsetzungen für die pädagogische Arbeit, d. h. die Erziehungsziele und Bildungsinhalte, finden sich in der Satzung der Reggio-Pädagogik und in den jeweiligen Einzelkonzeptionen. Bezugspunkte der Konzeptionen und der Praxis sind Annahmen über die kindliche Entwicklung, die vom Leiter des Modells in Reggio, Sergio Spaggiari, wie folgt zusammengefasst werden:

1. Das Kind ist nicht genetisch vorbestimmt, sondern es entwickelt sich im engen Zusammenhang zur Umwelt, und so bezieht sich die Pädagogik in Reggio auf das Beziehungsgeflecht zwischen Kind, Erwachsenen und Umwelt.

2. Die Entwicklung des Kindes ist niemals abgeschlossen. Indem das Kind als aktiver Gestalter seiner eigenen Lernprozesse und Lebenswege angesehen wird, muss auch die Erziehung den Wegen und Lernschritten des Kindes entsprechen und folglich flexibel und offen sein für innovative Modelle.

3. Kindliche Erkenntnis gilt als Wechselspiel von kognitiven Konflikten und Lösungsversuchen, von Widerspruch und Gleichgewicht, da jegliches Lernen auch immer Risiko, Veränderung und Unvorhersagbarkeit beinhaltet. Demzufolge entspricht die Anregung der Kinder und die Einführung von provokatorischen Elementen in der Kindererziehung dem Motto: ‚Wichtiger als das Finden einfacher Lösungen ist das Entdecken der richtigen Fragen‘.

4. Der Forschungs- und Wissensdrang von Kindern wird unterstützt, ohne das Kind in feste Lernprogramme zu pressen.

5. Die Erzieherinnen werden von Beratern ausgebildet und begleitet, um zu lernen, wie sie die Bedürfnisse der Kinder wahrnehmen können, wie sie auf die Kinder eingehen und zu einem Begleiter ihrer Lernschritte werden. Ihre Arbeit umfasst auch die Dokumentation der kindlichen Erfahrungsprozesse und beinhaltet eigene Forschungstätigkeiten.

6. Die erzieherische Erfahrung wird während der kindlichen Lernprozesse strukturiert, indem es keine festen Programme gibt, sondern offene Curricula und Feinkonzeptionen, die alle Einrichtungen jährlich erstellen. Diese Konzeptionen sind Bezugspunkte für die Praxis und entstehen im Kollektiv einer Einrichtung, d. h., auch die Team-Arbeit orientiert sich an konkreten Zielsetzungen und entwirft Vorschläge zu deren Umsetzung.

7. Theorie und Praxis stehen in einem produktiven Verbund, d. h. die Reggio-Pädagogik ‚ist' nicht, sie wird ständig neu angesichts der gesellschaftlichen Veränderungen in Erziehung und Bildung und folgt dem Anspruch einer ‚kreativen Freiheit' aller Beteiligten.

8. Kindererziehung gilt in Reggio als gemeinschaftliche Aufgabe von Eltern, Erzieherinnen, Fachberatern und Bürgern, wobei auch die Kommunalpolitiker das Projekt unterstützen.

(vgl. Spaggiari 1990)

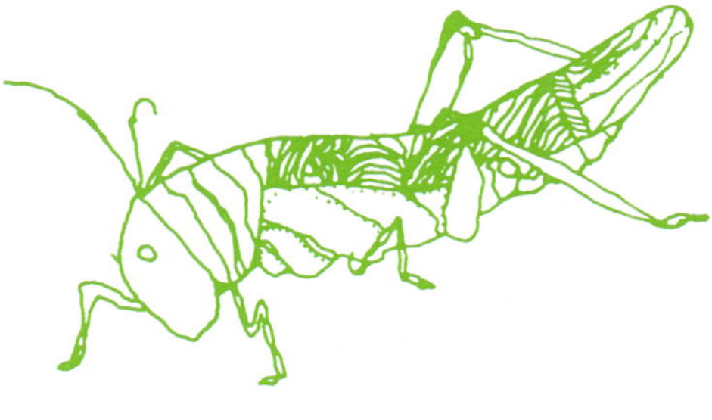

In welcher Weise die Prinzipien der Reggio-Pädagogik auch in den hiesigen Einrichtungen umgesetzt werden können – vor allem hinsichtlich der Erstellung von Konzeptionen auf der Basis eigener Grundsätze – wird im Kapitel 6.1 „Verantwortung in der Erziehung“ genauer erörtert. An dieser Stelle sei der Frage nachgegangen, auf welche historischen Entwicklungen die Reggio-Pädagogik zurückgreift, d. h. welche pädagogischen, kulturellen und politischen Bewegungen zu ihrem Entstehen beitrugen.

Die Geschichte der Vorschulerziehung in Italien:

Das Zusammenwirken von Kultur, Politik und Pädagogik

5

„Es handelt sich oftmals bei den larmoyanten Depressionen vieler Intellektueller nicht in erster Linie um den Verlust von Zukunft, sondern um noch nicht genug Wissen von Vergangenheit.“
(Hofmann 1991, S. 40)

Eltern von Vorschulkindern haben in Reggio Emilia die Wahl zwischen verschiedenen Krippen und Kindergärten. Die Kommune, staatliche und private Träger bieten ebenso wie die Kirche eine ganze Reihe von Betreuungseinrichtungen an. Mit ihrer Entscheidung für einen der Träger wählen die Eltern zugleich bestimmte pädagogische Zielsetzungen, die in den einzelnen Einrichtungen differieren, wobei die kommunalen Krippen und Kindergärten den Ruf einer kindgerechten und interessanten Pädagogik haben und nur durch Wartelisten die zahlreichen Anfragen bewältigen können.

Die Koexistenz verschiedener Betreuungsmodelle ist nicht nur in Reggio zu beobachten, sondern ein Abbild des gesamten italienischen Bildungssystems. Die Vielfalt der Krippen und Kindergärten mit ihren unterschiedlichen Konzepten ist im wesentlichen Ausdruck der kontroversen Haltungen gegenüber einer öffentlichen Kindererziehung. Vor allem der historische Dualismus zwischen Staat und katholischer Kirche führte zu teilweise vehementen Auseinandersetzungen über die Formen und Inhalte der Vorschulen. Doch auch politische und wirtschaftliche Interessen prägten das Vorschulwesen: Kindererziehung war und ist in Italien – wie auch in allen anderen Ländern – eng verknüpft mit gesellschaftlichen Veränderungen, d. h. mit kulturellen und sozial-politischen Neuordnungen.

5.1 Die *asili infantili* im 19. Jahrhundert

Die Anfänge einer öffentlichen Vorschulerziehung in Italien finden sich im Jahre 1829: Der Abt Ferrante Aporti (1791–1859) gründete in Cremona sein erstes Kinderheim (*asilo infantile*), in dem er Drei- bis Sechsjährige aufnahm und betreute. Zwar gab es zu jener Zeit schon zahlreiche Heime, jedoch ausschließlich für Waisenkinder, die in privater Obhut aufwuchsen. Diese Initiativen zielten in erster Linie auf eine gesundheitliche Pflege der Zöglinge, da eine hohe Sterblichkeitsrate und eine verbreitete Unterernährung die Kindheit damals prägten. Sitte und Anstand sowie die Unterrichtung in den Regeln der katholischen Kirche standen im Vordergrund der privaten Heime. Diesem reinen Fürsorgeansatz setzte Aporti erstmals einen als pädagogisch zu bezeichnenden Anspruch entgegen. Im Sinne der Einheit von Körper und Seele des Menschen müsse auch die geistige und moralische Belehrung der Kinder Aufgabe der *asili* sein. Zwar beschränkte sich die geistige Erziehung durch den Abt auf das Auswendiglernen von Psalmen sowie auf das Lesen und Schreiben von Fürbitten ganz im Sinne einer katholischen Vorschule. Sein Verdienst lag allerdings in der Betonung des Spiels für die Entwicklung der Kinder. Freie Spielangebote und vielfältige manuelle Tätigkeiten nahmen in der ansonsten eher spartanischen Erziehung des Abtes einen wichtigen Stellenwert ein. Spartanisch war die Erziehung bei Aporti insofern, als die Kinder im Winter eine Stunde täglich am Ofen verbringen durften, auf Holzbrettern schliefen und für sie *„eine Suppe am Tag und eine Weste für den Winter als ausreichend angesehen wurden"* (vgl. Catarsi 1983).

Noch vor der Einigung des Landes zum Königreich Italien im Jahre 1859 entstanden als Folge der Initiative Aportis in der Lombardei und im Piemont weitere Kinderheime, für die erste Richtlinien aus dem Jahre 1853 eine gesundheitliche Versorgung der Kinder und ihre Vorbereitung auf die Schule festlegten. Kurze Zeit nach dem Entstehen der aportianischen Kinderasyle wandte sich die katholische Kirche gegen diese Einrichtungen. Sie berief sich auf ihr Erziehungsmonopol mit dem Argument, dass die Vermittlung der katholischen Lehre – als einziges Bedürfnis der Kinder beschrieben – nur ihr selbst obliege und allein in den katholischen Kinderheimen vermittelt werden dürfe. Ein weiterer Einwurf des Klerus gegen Aporti lautete: *„Alle Kinder in gleicher Weise zu erziehen hieße, in ihnen eine Aversion gegen den eigenen sozialen Stand zu begünstigen"* (Civiltà Catolica 1855, zit. n. Catarsi 1983, S. 30).

Obwohl in den Kinderheimen des Abtes Aporti sicherlich nicht die soziale Ordnung hinterfragt wurde und die dort angewandten Erziehungspraktiken sogar unterwürfige und brave Kinder formen sollten, begannen bereits in dieser Zeit die Auseinandersetzungen über die Formen der öffentlichen Kindererziehung. Die katholische Kirche unterstellte den *asili infantili* eine subversive Kraft, denn sie würden die Einheit der Familie zerstören, die Kinder der Kirche entfremden und die Türen zu revolutionären Taten öffnen. Besonders betonte die Kirche, dass Kinder zu ihren Müttern gehörten, deren außerhäusliche Tätigkeit – damals keine frei gewählte Lebensform – ihren natürlichen Erziehungsaufgaben widerspräche (vgl. Frabboni 1983).

Infolge der Einigung zum Königreich Italien übernahm der Staat das Fürsorgewesen, wodurch auch die *asili infantili* unter die Leitung übergeordneter Stellen fielen. In einer ersten Form von Subsidiarität ging die Verwaltung der finanziellen Mittel für die Kinderheime ab 1887 an das Ministerium für Inneres. Die Überwachung der didaktischen Inhalte übernahm das Unterrichtsministerium. Per Gesetz wurde im selben Jahr der Ausbau und die Verbreitung der Vor- und Elementarschulen mit der Begründung angeregt, dass sie *„neue Orte (seien), sauber, der Gesundheit des Kindes enstprechend,* *ein Zeichen der Kultur, des Anstandes und der Wohltätigkeit gegenüber dem Volk*" (Matteucci 1863, zit. n. Catarsi 1983, S. 35). In diesem Gesetz wurde der reine Fürsorgecharakter der *asili* bekräftigt und eine kirchlich-private Trägerschaft festgelegt. Somit übernahm der Staat die Kontrolle über das Erziehungswesen, bis zur Errichtung eigener staatlicher Vorschulen bedurfte es allerdings noch weiterer hundert Jahre.

Allerdings nahmen pädagogische Erneuerungen in dieser Zeit Einfluss auf die *asili infantili*, denn auch in Italien verbreitete sich die Pädagogik Froebels. Der erste italienische Kindergarten wurde im Jahre 1869 von Adolfo Pick gegründet und Begriffe wie ‚kindliche Spontaneität' oder ‚expressive Sphären des Kindes' fanden Eintritt in die Praxis der *asili*. Bereits kurz nach ihrer Gründung wurden die Kindergärten öffentlich kritisiert: Aufgrund der hohen Zahl von Analphabeten – im Jahre 1881 immerhin 62 % – müsse der Kindergarten eine bessere Vorbereitung auf die Schule leisten und dürfe dem Spiel und der Spontaneität nicht zuviel Raum geben. So wurde das Konzept Froebels im Sinne schulischer Übungen verformt und wichtige Elemente seiner Arbeit blieben unberücksichtigt (vgl. Flores d'Arcais 1980).

Eine Statistik aus dem Jahre 1889 gibt erstmalig Einblick in die Verbreitung und die inhaltliche Ausrichtung der *asili*. Insgesamt existierten in Italien 2118 Kinderasyle, wovon 328 nach dem Konzept von Aporti arbeiteten, 217 der Methode Froebels folgten, die übrigen 1537 Einrichtungen jedoch keinem expliziten pädagogischen Konzept anhingen (vgl. Catarsi 1983). Bei dieser Erhebung wurden auch die Altersstufen der in den *asili* betreuten Kinder benannt. Aufnahme fanden vor allem die Drei- bis Sechsjährigen, über die Jüngeren finden sich hier keine Informationen. Weitere Auskünfte gibt die Erhebung über den Aspekt der Ausbildung von Erzieherinnen. Von insgesamt 5159 Betreuerinnen hatten nur 2109 eine ‚Erlaubnis', Kinder zu erziehen, alle übrigen 3050 arbeiteten ohne Lizenz und Vorbereitung und waren zum größten Teil selbst Analphabeten (vgl. Borelli 1979). Von Kleinkinderziehung im Sinne einer professionellen Tätigkeit kann in Bezug auf die damalige Zeit demzufolge nicht gesprochen werden, denn als vorrangigste Fähigkeit zur Betreuung von Kindern galt der ‚mütterliche Instinkt' der Erzieherinnen. Diesen Anspruch benannten auch die Schwestern Rosa und Carolina Agazzi (1886–1950; 1870–1945), deren Modell zur Kindererziehung einen wichtigen Einfluss auf die italienischen *asili infantili* nahm: *„Die wahre Erzieherin muss die Gefühle einer Modell-Mutter besitzen. (...) Die Mittel ihrer Arbeit seien: ihr Herz, ihr guter Wille, ihre Intelligenz, ihr initiativer Geist, die Umgebung, die Freiheit zu handeln und das Vertrauen, das ihr in sie setzt"* (R. u. C. Agazzi 1897, zit. n. Catarsi 1983, S. 46).

Die Schwestern Agazzi begannen ihre Arbeit mit einer Umbenennung der *asili* in die sogenannte *scuola materna*, die ‚mütterliche Schule', ein Begriff, der auch heute in ganz Italien für die Einrichtungen der Drei- bis Sechsjährigen verwandt wird. (In Reggio heißen die Kindergärten allerdings nicht *scuola materna*, sondern *scuola dell' infanzia*, etwa zu übersetzen mit ‚Kleinkinderschule'. Hierin wird eine deutliche Abwendung von den reinen Familienbezügen hin zu einer neuen pädagogischen Qualität der öffentlichen Einrichtungen festgeschrieben.)

Wichtigste Aufgabe in der *scuola materna* war nach Agazzi die Kontinuität zwischen Familie und Vorschule. Die Kinder sollten eine Übereinstimmung hinsichtlich ihres Lebens in der Familie und in den Kindereinrichtungen erfahren. Dies wurde durch intensive Beziehungen zwischen Eltern und Erzieherinnen und durch eine Weiterführung des familiären Lebens auch

in der *scuola materna* angestrebt. Konkret benannten die Schwestern Agazzi in diesem Zusammenhang das Erlernen von Pflichten und die Übernahme von alltäglichen Aufgaben seitens der Kinder. Aber auch das Erleben einer emotionalen Geborgenheit war laut Agazzi wichtig und charakteristisch für eine richtige Familie. Besonderen Wert legten sie auf die Einbeziehung der Umgebung in die pädagogische Arbeit. Das Bewusstsein über die Kultur und die Geschichte eines Ortes stellte nach Agazzi einen unverzichtbaren Aspekt der Kindererziehung dar. Als Beispiel für eine solche Einbeziehung, die in den heutigen pädagogischen Sprachgebrauch als ‚Gemeinwesenorientierung' eingegangen ist, kann das ‚Museum des Krimskrams' gelten, deren Begründer die Schwestern Agazzi waren: Alle Gegenstände, die die Kinder während ihrer Ausflüge in der Umgebung sammelten, wurden in der *scuola materna* aufbewahrt und ausgestellt.

Die Achtung gegenüber den individuellen Interessen der Kinder fand in ihrem Modell eine Ergänzung durch Solidarität und Zusammenarbeit zwischen den Kindern. Vor allem gemeinsame und alltägliche Verrichtungen von Seiten der Kinder entsprachen diesem Lernziel. Darüber hinaus sollte keinerlei schulisches Üben das Leben der *scuola materna* bestimmen. Diese Methode erfuhr in Italien deshalb eine schnelle Verbreitung, weil ihre Ansprüche unmittelbar in die Praxis umgesetzt werden konnten. Die wichtigsten Ansätze waren ein der Familie nachgebildetes Sozialleben, gestützt auf die ‚mütterlichen' Fähigkeiten der Erzieherinnen.

In dieser Zeit erfolgte die Gründung der ersten Kinderhäuser, der *case dei bambini*, durch Maria Montessori (1870–1952). Ihre für die damaligen Verhältnisse revolutionären Gedanken zur kindlichen Entwicklung und Erziehung wurden in Italien stets als Gegenpol zur Arbeit der Schwestern Agazzi betrachtet und fanden nur wenig Verbreitung in den damaligen Kindereinrichtungen.

Um die Jahrhundertwende sprach Montessori erstmalig von dem ungeheuren Reichtum des Kindes, das ein von Natur aus kreatives Wesen sei und seine Menschwerdung mit ganz eigenen und kompetenten Mitteln verfolge. Durch seine schöpferischen Lernprozesse leiste ein Kind enorme Schritte in Richtung seiner Selbstverwirklichung, die jedoch nur dann gelingen könne, wenn es von einschränkenden und autoritären Erziehungspraktiken verschont bliebe: *„Schon im Vorschulalter beginnt das Kind mit dem Suchen und dem Entdecken, mit der Entwicklung seiner Sinnesorgane, (...), mit dem Lesen und Interpretieren seiner Umwelt. Wir müssen das Kind von der Vormundschaft des Erwachsenen befreien, damit es seine Fähigkeiten weiter entwickeln kann"* (Montessori 1909, zit. n. Frabboni 1980, S. 24).

Insbesondere der Anspruch, Kinder von der Vormundschaft des Erwachsenen zu befreien, löste in Italien heftigen Widerspruch aus. Montessoris Bild vom Kind, das autonom und aktiv die Welt entdeckt und einen Erwachsenen nicht als Lehrer, sondern allenfalls als Begleiter braucht, stellte alle damaligen Ansichten über Kinder und Erziehung radikal in Frage. So lautete ein Haupteinwand gegen ihren Ansatz, dass zuviel Freiheit zum unkontrollierbaren Chaos führe, Disziplin unverzichtbar für das Zusammenleben der Menschen sei und diese Kindern so früh wie möglich beigebracht werden müsse. Verkannt wurde bei diesem Einwand die Haltung von Montessori bezüglich der Selbstverwirklichung eines Kindes. Für sie war dieser Prozess immer sozial ausgerichtet und auf das Wir einer Gemeinschaft bezogen. Zudem beschrieb Montessori mit dem Satz „Hilf mir, es selbst zu tun" erstmalig eine neue Aufgabe für Lehrer und Erzieherinnen, die eher die Organisation kindlicher Lernschritte beinhalten müsse, als das

Beibringen und Anleiten von Fertigkeiten. Des weiteren betonte sie die kognitiven Aspekte der kindlichen Entwicklung und entwarf für die Praxis der *case dei bambini* spezifische Lern-Materialien, anhand derer die Kinder ihre Fähigkeiten üben und erweitern sollten: „*Intellektuelle Neugier, Spannung und Entdeckung erfordern eine kontinuierliche Interaktion zwischen Kind und Umgebung, zwischen dem Kind und den Objekten der Realität sowie zwischen den Kindern untereinander*" (Montessori 1909, zit. n. Frabboni 1980, S. 47).

Für viele Pädagogen hat Montessoris Anspruch einer umfassenden Achtung der kindlichen Persönlichkeit und ihr Verständnis von Erziehung als Begleitung der Kinder anstelle ihrer Belehrung bis heute eine besondere Bedeutung. Auf Kritik stoßen jedoch häufig die Materialien, die Montessori für das Üben der kindlichen Fertigkeiten entwickelte: Sie sind vor allem auf die kognitiven Lernschritte der Kinder ausgerichtet, sie fördern nicht die Kooperation zwischen Kindern und sind zudem sehr teuer.

Gerade diese Aspekte wurden schon in den 20er Jahren an ihrem Modell bemängelt, zudem galt ihr Anspruch einer individuellen Förderung der Kinder als ‚zu wissenschaftlich' und nicht vereinbar mit den Zielen einer christlichen Erziehung. Weitere Gründe für die Kritik an den *case dei bambini* sind auch in den politischen Verhältnissen zu finden: Galt Montessori zu Beginn des Faschismus in Italien als noch ‚hoffähig', immerhin übernahm Mussolini 1928 die Ehrenpräsidentschaft der nationalen Montessori-Gesellschaft, so wurde ihre immer stärkere Distanzierung gegenüber der faschistischen Ideologie – die mit der freien Selbstverwirklichung eines Menschen bekanntermaßen wenig im Sinn hatte – auch von staatlicher Seite registriert. Nach ihrer Emigration im Jahre 1933 wurden alle *case dei bambini* geschlossen und die weitere Veröffentlichung ihrer Schriften untersagt.

Zwei Tendenzen bestimmten im 19. Jahrhundert die italienische Vorschulerziehung. Die institutionelle Form der frühkindlichen Erziehung erfuhr im Rahmen der bürgerlichen Gesellschaftsstruktur wenig Veränderung, denn die *asili infantili* blieben in privatkirchlicher Trägerschaft und behielten im gesellschaftlichen Ansehen ihre rein familienersetzende Funktion bei. Das Eingreifen des Staates beschränkte sich auf die Kontrolle und Überwachung der *asili*, in enger Verbindung zur kirchlichen Tradition bestätigte auch die bürgerliche Ideologie jener Zeit die Familie als wichtigsten Ort des emotionalen und sozialen Lebens eines Kindes.

Wichtige Neuerungen empfingen die Vorschulen jedoch auf inhaltlichem Gebiet: Die damals aufgenommenen Ansätze von Aporti, Agazzi, Froebel und Montessori veränderten die pädagogischen Sichtweisen und sind bis heute wichtige Grundlagen der Praxis in vielen italienischen Kindereinrichtungen, einschließlich der Krippen und Kindergärten in Reggio Emilia.

5.2 Die vorschulische Erziehung im 20. Jahrhundert und die sozialistische Bewegung

„Jede Schulfrage ist eine politische Frage.“
(Salvemini 1905/06, zit. n. Böhm 1979, 28)

Um die Jahrhundertwende und in den ‚roten‘ 20er Jahren erlangte die kommunistisch-sozialistische Bewegung in Italien zunehmenden politischen Einfluss auch im Hinblick auf Veränderungen des Erziehungssystems. Um der Indoktrination der katholischen Kirche entgegenzuwirken, forderten die PCI und PSI (PCI: Partito Comunista Italiano, kommunistische Partei, gegründet 1921 und PSI: Partito Socialista Italiano, sozialistische Partei, gegründet 1882) nun weltliche Er-

ziehungskonzepte mit neuen demokratischen Inhalten: *„Die weltliche Schule darf die Schüler nicht nur auf ihre künftige berufliche Tätigkeit vorbereiten, sondern muss sie auch dem gesellschaftspolitischen Leben näherbringen, indem sie sie zu größtmöglicher Selbständigkeit und Unabhängigkeit von jeglicher dogmatischen Einstellung erzieht.*
Sie kann und darf nicht neutral oder indifferent bleiben gegenüber den Grundproblemen des Lebens" (Salvemini, zit. n. Böhm 1979, S. 189).

Die Vertreter der sozialistischen und kommunistischen Parteien forderten darüber hinaus, dass die Lebensbedingungen der Familien durch vorschulische Einrichtungen verbessert werden müssten. Durch die Veränderungen der Produktionsprozesse hatte sich die Zahl erwerbstätiger Frauen gesteigert, und ein großer Bedarf an Betreuungsorten für Kinder entstand. Die Kommunen wurden aufgerufen, diesen Bedürfnissen nachzukommen und soziale Dienste für Kinder und ihre Familien einzurichten. Neue Formen der Trägerschaft, aber auch inhaltliche Veränderungen sollten eine neue Vorschule begründen, um *„zur Befreiung der Frau von der häuslichen Sklaverei*" beizutragen und insbesondere demokratische Erziehungsziele zu verwirklichen (vgl. Catarsi 1983).

Mit der Forderung „Trennung von Kirche und Staat, alle Schulen dem Staat und alle *asili* der Kommune" brachte die Sozialistische Partei zu Beginn der 20er Jahre einen Gesetzesentwurf in das italienische Parlament ein, dessen Einlösung jedoch von der Mehrheit der konservativen Parteien verhindert wurde. Die inhaltlichen Neuordnungen der *asili* zielten in diesem Entwurf, ganz im Sinne der sozialistisch-kommunistischen Ideale, auf eine Erziehung zu Solidarität und Gleichheit. Ein demokratischer und sozial ausgerichteter Erziehungsstil sollte zum Wohl der Kinder beitragen, aber auch die Entwicklung Italiens hin zum Sozialismus (vgl. A. Gramsci) vorantreiben. Der Zusammenhang zwischen den gesellschaftlichen Zielen der damaligen sozialistischen Bewegung und ihren Ansprüchen für die Kindererziehung wird u. a. in diesem Gesetzesentwurf deutlich: *„Das sozialistische Menschenbild war (...) humanistisch geprägt und wurde ausdrücklich in den Traditionszusammenhang der frühbürgerlichen Aufklärung gestellt"* (Jank & Meyer 1991, S. 247).

Die katholische Kirche wandte sich – wie zu erwarten – gegen die Bestrebungen der linken Parteien nach einer administrativen und inhaltlichen Autonomie der *asili* und gegen ihre ‚revolutionären' Absichten. Mittels moralischer Argumentation versuchte der italienische Klerus, sein Erziehungsmonopol zu behaupten: *„Vernunft und Ordnung entfalten sich in der Unterordnung unter die Kirche, da diese Interpret der göttlichen Offenbarung ist. Der Kirche dienen, heisst frei sein"* (Enzyklika Libertas, zit. n. Borelli 1979, S. 33).

Unbeirrt von den Angriffen der Kirche verfolgten jedoch die Kommunisten und Sozialisten ihre Reformversuche im Bereich des Erziehungswesens. Hierzu gehörte beispielsweise die Gründung der ersten Gewerkschaft für Erzieherinnen im Jahre 1904. Die *Unione nazionale educatrici d'infanzia*, kurz *Unei*, forderte die Sicherung von Arbeitsplätzen für Erzieherinnen, eine angemessene Altersversorgung sowie einheitliche didaktische Richtlinien für die Arbeit in den *asili infantili*. Ihre individuelle Absicherung und ihre Erziehungsaufgaben sahen die Frauen der *Unei* jedoch immer eingebunden in einen breiten gesellschaftlichen Zusammenhang: *„Auch die Erzieherin muss den Klassenkampf zum Mittel ihrer Emanzipation machen"* (DeRobbio 1905, zit. n. Catarsi 1983, S. 57).

Von 1900 bis 1920 wurde in zahlreichen Kommunen eine sozialistisch-kommunistische Regierungskoalition gewählt, wodurch insbesondere die nördlichen Regionen in eine ‚rote' Verwaltung übergingen. So erließen die *PSI* und *PCI* umgehend Maßnahmen zur Verbesserung der Lebenssituation vieler Familien, ganz im Sinne ihres politischen Programms des *concretismo*, das auch im Rahmen einer bürgerlichen Gesellschaftsstruktur weitreichende Veränderungen der Lebensbedingungen ihrer Bürger anstrebte und in diesem Zusammenhang vor allem eine Verbreitung der Vorschulen forderte. Beispielsweise erhöhte sich zwischen 1914 und 1918 in Bologna die Zahl der *asili infantili* von 10 auf 39. Fast 2000 Kinder wurden dort betreut, und sie erhielten in bewusster Abgrenzung zur Methode Agazzi Unterweisungen im Sinne Maria Montessoris. Hierbei gilt es zu bedenken, dass Frauen im Ersten Weltkrieg verstärkt in der Rüstungsindustrie tätig waren und aus diesem Grund mehr Betreuungseinrichtungen für Kinder benötigt wurden. Nicht humanitäre oder pädagogische Überlegungen, sondern politische und ökonomische Gründe führten demnach zu einem Ausbau des Vorschulwesens.

Erfolge errangen die PSI und PCI im Hinblick auf eine dezentral organisierte Trägerstruktur der *asili*. Im Jahre 1922 übernahmen die damaligen Provinzräte die Verwaltung der Kindereinrichtungen, ihre Leitung hingegen wurde den Kommunen übertragen. Diese als Fortschritt angesehene Dezentralisierung führte jedoch nicht wie gefordert dazu, dass der Staat Gelder für die Kindereinrichtungen bereitstellte. Vielmehr mussten die einzelnen Kommunen selbst Mittel aufbringen, um ausreichende Betreuungsplätze anbieten zu können. Dies verweist wiederum auf die enge Verflechtung von Wirtschaft und Erziehung: Nur die reichen Kommunen konnten ihre familienunterstützende Funktion durch die Bereitstellung von Krippen und Kindergärten auch tatsächlich ausüben.

Im Gegensatz zum 19. Jahrhundert verschob sich in den 20er Jahren des 20. Jahrhunderts der Akzent innerhalb des italienischen Vorschulwesens von pädagogischen Debatten in Richtung institutioneller Reformversuche. Hierzu trug in entscheidendem Maße die sozialistische Bewegung bei mit ihrem vorrangigsten Ziel, die Emanzipation des Menschen auch durch eine Verbesserung seiner Lebensumstände zu bewirken. Die Bereitstellung vielfältiger sozialer Dienste sowie von Schulen und Vorschulen sollte die arbeitenden Familien unterstützen und durch neue Erziehungsinhalte und -formen den Weg zum Sozialismus ebnen. Die damaligen Ideen konnten jedoch erst in den 60er Jahren erneut aufgegriffen werden, denn mit dem Beginn des Faschismus erfuhr die sozialistische Bewegung in Italien ein jähes Ende, und auch die Reformen der öffentlichen Kindererziehung wurden zunichte gemacht.

5.3 Die *scuola materna* im Faschismus

„Das Kind ist ganz wie ein Soldat, der sich freut, wenn der Vorgesetzte eine Übung vormacht, die er nachvollziehen soll.“ (Bettini 1923, zit. n. Borelli 1979, S. 175)

Nach Attentaten und Gewaltakten unternahmen im Oktober 1922 die Faschisten den Marsch auf Rom. Unterstützt wurde der Putsch von Industriellen aus dem Norden, Großgrundbesitzern aus dem Süden und Teilen des Militärs. Obwohl die faschistische Partei im Jahre 1922 nur sieben Prozent aller Sitze in der Regierungskammer innehatte, wurde Mussolini vom italienischen König im selben Jahr mit der Regierungsbildung beauftragt. Die hieraus resultierenden Veränderungen des politischen und kulturellen Lebens in Italien waren umfassend und dramatisch. Einige Daten verdeutlichen dies:

- 1925: Verbot aller Zeitungen und Organe antifaschistischer Kritik;
- 1926: Auflösung der Gewerkschaften und Ersetzung durch faschistische Syndikate;
- 1926: Suspendierung aller Lehrenden an Schulen und Hochschulen, die die Freiheit der Lehre zu verteidigen suchten;
- 1927: Faschisierung aller Schulen, Ausschluss der Lehrenden, die nicht Mitglied der faschistischen Partei wurden;
- 1929: Lateranverträge zwischen Vatikan und faschistischer Regierung über weitere Kooperationsformen.

Bereits unmittelbar nach ihrem Putsch veränderten die Faschisten das gesamte italienische Bildungssystem. Mussolinis Erziehungsminister Giovanni Gentile erlies im Jahre 1923 eine Reihe neuer Gesetze für Vorschulen, Schulen und Universitäten, um ihre Inhalte der faschistischen Ideologie anzupassen und auf diese Weise den vom Faschismus gewollten ‚Soldaten' von klein auf formen zu können.

Für die öffentliche Erziehung der Drei- bis Sechsjährigen hatten diese Gesetze zur Folge, dass alle *scuole materne* wieder in privat-kirchliche Trägerschaften überführt wurden. Darüber hinaus wurde der reine Hilfscharakter der *materna* dadurch bestärkt, dass Kinder nur dann eine Aufnahme fanden, wenn die familiären Erziehungsmöglichkeiten unzureichend waren. Im Jahre 1929 festigten zudem die Lateran-Verträge zwischen Staat und Klerus das Erziehungsmonopol der Kirche, die aus diesem Grund für lange Zeit die Inhalte der *scuola materna* religiös bestimmte. Bis in die 50er Jahre hinein prägte die katholische Kirche die öffentlichen Vorschulen, indem die Vermittlung ihrer Glaubenssätze und schulvorbereitende Übungen im Mittelpunkt der Kindererziehung standen, wobei stets die *„Äußerungen der Intelligenz und des Charakters des Kindes zu disziplinieren seien"* (Fischer 1970, S. 44).

Nach Erlässen für eine öffentliche Erziehung von Kindern unter drei Jahren sucht man bei Gentile vergebens. Gemäß dem von Kirche und Faschismus propagierten Ideal der Frau als Ehefrau und Mutter galt die Betreuung der Jüngsten als alleinige Aufgabe der Familie. Allerdings formulierte der Erziehungsminister Gentile eine Reihe von Anweisungen für die Erzieherinnen der *scuole materne*, die wiederum deren mütterliche Fähigkeiten betonten: *„Wir müssen die Mütter auf die Erziehung ihrer Kinder vorbereiten. Nichts anderes kann die Ausbildung der Erzieherinnen in den Vorschulen beinhalten"* (Gentile 1932, zit. n. Catarsi 1983, S. 67). Zu diesen Vorstellungen erzieherischer ‚Professionalität' passte hervorragend das Konzept der Schwestern Agazzi, das vom faschistischen Staat für die vorschulische Erziehung favorisiert wurde. Nach anfänglicher Nähe Mussolinis zu der Arbeit von Maria Montessori verwarf er später jegliche Achtung gegenüber ihrer Pädagogik. Erst zu Beginn der 50er Jahre wurde sie durch die Veröffentlichung ihrer Schriften aus dem indischen Exil in Italien wiederentdeckt.

Nicht nur die *scuole materne* wurden im Faschismus von der Kirche geleitet, auch die Ausbildungsstätten für Erzieherinnen unterstanden ab 1933 kirchlichen oder privaten Trägern. Dieses Angebot hat sich bis heute kaum verändert: Die meisten Erzieherfachschulen sind in Italien privat-kirchlich organisiert, mit entsprechenden Curricula und nicht unerheblichen Kosten für die Absolventinnen.

Noch zu Beginn der 20er Jahre wuchsen in Italien viele Kinder in ärmlichen Verhältnissen auf, und die Kindersterblichkeit war gegenüber anderen Ländern überdurchschnittlich hoch. Um im internationalen Ansehen zu steigen und um zu demonstrieren, dass auch der faschistische Staat etwas für die Schwächsten tut, wurde 1925 das *Opera Nazionale Maternità e Infanzia*, kurz *ONMI*, gegründet. Dieses ‚Hilfswerk für Mutter und Kind' fungierte als Träger einer ganzen Reihe halbstaatlicher Institutionen, unter anderem von ca. 600 Kinderkrippen, die allerdings rein medizinisch-pflegerischen Charakter hatten.

Die unter der faschistischen Regierung scheinbar gefestigte kirchliche Trägerschaft der scuole materne währte nicht allzu lange. Mit der Einrichtung des *Opera Nazionale Ballida* (*ONB*), etwa zu übersetzen mit ‚Nationalwerk Pimpf', eine der Hitler-Jugend vergleichbare Organisation, wurde im Jahre 1923 die Erziehung der Drei- bis Sechsjährigen von den Faschisten übernommen. Insbesondere die körperliche, moralische und staatsbürgerliche Erziehung der Kinder sollte auf diese Weise gesichert werden. Durch die Einrichtung des *ONB* kam es zu erheblichen Differenzen zwischen der katholischen Kirche und dem Staat, da der Klerus hierin einen Angriff auf sein Erziehungsmonopol erkannte. Die Antwort der Faschisten auf diese Querelen war rigoros: 1927 wurden alle Kinder- und Jugendverbände, einschließlich der katholischen, in das ‚Nationalwerk Pimpf' eingegliedert. Dass durch diese Vereinnahmung der Einfluss der Kirche statt geringer eher größer wurde, lag daran, dass auch das *ONB* eine religiöse Erziehung praktizierte und *„brave, unterwürfige und angepasste"* Kinder formte (vgl. Borelli 1979).

Dem Absolutheitsanspruch der faschistischen Ideologie und ihrem Erziehungskonzept eigenständige und kritische pädagogische Modelle entgegenzusetzen, war in der damaligen Zeit ein Wagnis, da jegliches laizistisch-sozialistische Gedankengut vehement verworfen und sanktioniert wurde. Einige Pädagogen gingen dieses Wagnis dennoch ein, so zum Beispiel Lombardo-Radice, der für eine demokratische und parlamentarische Politik auch öffentlich eintrat. Lombardo-Radice ist an dieser Stelle deshalb erwähnt, weil ihn seine Methode der didaktischen Kritik nach dem Krieg zu einem Wegbereiter reform-pädagogischer Ansätze in italienischen Vorschulen und Schulen machte. Von seiner Tätigkeit als Lehrer ausgehend, vertrat Lombardo-Radice die Auffassung, dass die unmittelbare Wirklichkeit Grundlage aller pädagogischen Reflexion sein müsse, um das Kind erkennen, verstehen und in seinem ganz spezifischen Lebenskontext unterstützen zu können. So zielte sein Ansatz vor allem auf eine Verknüpfung praktischen Handelns mit der Entwicklung von pädagogischen Modellen, die dem ‚Lernen durch direkte Erfahrung' größtmöglichen Raum zubilligen müssten.

Mit seinem Begriff des Erfahrungslernens bezieht sich Lombardo-Radice auf einen weiteren politischen Pädagogen Italiens, auf Antonio Gramsci (1891–1937). Der öffentlichen Erziehung maß Gramsci insofern eine zentrale Bedeutung zu, als er eine umfassende Bildung aller Kinder und somit der Bürger als Voraussetzung für den *„eigenen nationalen Weg zum Sozialismus"* beschrieb (vgl. Gramsci 1932/33). Seine Reformansätze des Bildungssystems zielten vor allem darauf ab, durch demokratische und sozial ausgerichtete Inhalte in den Schulen den bestehenden Ungleichgewichten in der Gesellschaft entgegen zu wirken. Zu diesem Zwecke müsse sich laut Gramsci die Schule stärker mit dem gesellschaftlichen Leben verbinden und zudem politisch aktiv werden. Sie sollte kollektiv von Schülern, Lehrern und Eltern geleitet werden und im Sinne der Einheit von manuellen und geistigen Tätigkeiten mit Bauern, Arbeitern und Gewerkschaften zusammenarbeiten. Als Mitbegründer der Kommunistischen Partei (PSI) im Jahre 1921 fand Gramsci zwar nach dem Krieg in Italien Anerkennung, seine weitreichenden Reformansätze hatten in der Zeit des Faschismus jedoch keine Chance: 1926 wurde A. Gramsci zusammen mit zahlreichen Kommunisten und Sozialisten verhaftet, des Hochverrats angeklagt und bis kurz vor seinem Tode im Jahre 1937 eingekerkert.

Die Republik Italien und die Vorschule seit 1945

5.4

Unmittelbar nach dem Krieg war die öffentliche Kindererziehung nicht das vorrangigste Thema parlamentarischer Auseinandersetzungen. Italien, Verlierer und Gewinner des Krieges, befand sich in einer schweren Krise. Innenpolitisch stand es im Zeichen des Wiederaufbaus und der großen politischen Uneinigkeit zwischen rechten und linken Parteien, außenpolitisch wurde Italien rasch Opfer des Kalten Krieges zwischen den Großmächten: Die wirtschaftlich benötigte Unterstützung der USA, die ihre Hilfe mit der Bedingung eines Ausschlusses der Sozialisten und Kommunisten aus der Regierung verknüpfte, ebnete Italiens ‚Weg nach Westen', der durch die Einbeziehung in den Marshallplan im Jahre 1947 gefestigt wurde (vgl. Berliner Extra Dienst 1976).

Im Klima des beginnenden Wirtschaftswunders und der Zerstrittenheit vor allem linker Parteien blieb die vorschulische Erziehung bis auf wenige Initiativen im Norden des Landes relativ unbeachtet. Allein die katholische Kirche verstärkte die Bemühungen um den Erhalt ihres Erziehungsmonopols und erließ bereits 1945 für die *scuola materna* neue Lehrpläne: *„Die erste und natürliche Erziehung erfährt das Kind durch die Mutter. Der Kindergarten kann nicht die Familie und die Mutter ersetzen. (...) Deshalb orientiert er sich an der Familie und übernimmt die für die häusliche Erziehung charakteristischen Eigenarten"* (Decreto Luogoenenziale vom 24. Mai 1945, zit. n. Borelli 1979, S. 208).

Bis zum Jahre 1948 hatte sich die Zahl der Kindergärten in Italien auf ca. 11.000 erhöht, wobei die Hälfte von der Kirche geleitet wurde und nur 22 Prozent in der Trägerschaft einzelner Kommunen lagen. Pädagogische Zielsetzungen, die nicht der katholischen Lehre entsprachen, hatten somit wenig Einfluss auf die Inhalte der Kindereinrichtungen: *„Die religiöse Inspiration muss das gesamte Leben der materna erfüllen. (...) Diese Institutionen sind ganz im Sinne der katholischen Tradition zu führen“* (Orientamenti per la scuola materna 1957, zit. n. Catarsi 1983, S. 209). Unterstützt von der damaligen Regierung mit ihrer alleinigen Regierungspartei *Democrazia Cristiana* (*DC*) wurde das gesamte italienische Bildungssystem bis weit in die 50er Jahre hinein von religiös-konservativen Werten geprägt, um *„den Knaben zum Mann und zum Staatsbürger zu erziehen“* und durch den Religionsunterricht – als zentraler Bestandteil der Schulbildung definiert – zu einer ganzheitlichen Erziehung der Schüler beizutragen, *„aufbauend auf den altersgemäßen Interessen und Lernstufen des Knaben“* (Decreto Luogoenenziale vom 24. Mai 1945, zit. n. Borelli 1979, S. 209).

Vereinzelte Initiativen versuchten jedoch, den religiösen Paradigmen neue Modelle entgegenzusetzen, so beispielsweise im Rahmen des Projektes von Ernesto Codignola, der 1945 in einem Viertel von Florenz eine ‚Stadtschule‘ gründete. Für die in diesem Stadtteil lebenden Menschen sollten sowohl Bildungsstätten als auch soziale Kontaktmöglichkeiten geschaffen werden. Die kollektiv geleitete Stadtschule folgte den Ideen Gramscis, indem direkte und soziale Lernerfahrungen anhand konkreter Probleme des menschlichen Lebens ermöglicht werden sollten, denn: *„Der größte Mangel unserer heutigen Schule ist ihre Isolierung vom Leben, ihre Fremdheit gegenüber den Interessen und den wahren Problemen unserer Gesellschaft. (...) Die Schule reformieren heisst vor allem, sie wieder mit dem Leben zu verknüpfen“* (Codignola, zit. n. Böhm et al. 1979, S. 100). Auch die Elterninitiative in Villa Cella nahe der Stadt Reggio Emilia mag als Beispiel für neue Wege in der Erziehung nach dem Krieg gelten, indem Kinder zu Demokratie, sozialer Gerechtigkeit und Solidarität erzogen werden sollten, um auf diese Weise eine neue Gesellschaft begründen zu können.

Erst mit Beginn der 60er Jahre wurde die vorschulische Erziehung wieder zum zentralen Thema der Bildungsdebatten in Italien. Die Wiederaufnahme inhaltlicher Reformversuche wurde begünstigt durch Veröffentlichungen pädagogisch relevanter Literatur und durch eine erneute und kritische Auseinandersetzung mit den Zielsetzungen der sozialistischen Pädagogik aus den 20er Jahren, die insbesondere in den nördlichen, traditionell ‚roten' Regionen des Landes stattfand. Erstmalig wurden die Schriften von Montessori veröffentlicht sowie Arbeiten von Piaget, Bowlby, Bruner und Dewey, zudem wurde der Zugang zu den Werken Gramscis und anderer sozialistischer Pädagogen erst nach dem Krieg wieder offiziell möglich. Entscheidender für die Reformen der Vorschulerziehung waren jedoch die ökonomischen und politischen Neuordnungen in diesen Jahren. Der *boom economico* – die italienische Form des ‚Wirtschaftswunders' – bewirkte enorme soziale und kulturelle Veränderungen in Italien, die unmittelbare Auswirkungen hatten. Durch die Abwanderungen großer Teile der Bevölkerung aus dem Süden in die Städte des industrialisierten Nordens änderten sich in erheblichem Maße die Lebensformen vieler Familien.

Um Arbeit zu finden, verließen zahlreiche Eltern den Verbund der Großfamilien und fanden sich als Kleinfamilien im städtischen Umfeld wieder. Im Hinblick auf ihre Lebenssituation erfuhren sie einschneidende Veränderungen. „*Welch soziokultureller Wandel, über die Stufe einer einzigen Generation: Von der Groß- zur Kleinfamilie; vom Analphabetismus zur Bildungsorientierung; von der Ortsverbundenheit zur Mobilität!*" (Baacke & Fracasso 1992, S. 24). Vor allem die Versorgung der Kinder während der Arbeitszeit, vordem gesichert durch die Großeltern, wurde zum Problem für viele Familien. Zudem stieg in den nördlichen Regionen die Erwerbstätigkeit von Frauen, und so wurde in diesen Jahren die Errichtung öffentlicher Dienste immer unabdingbarer.

Insbesondere in den Regionen des Nordens verknüpften Frauen ihre wachsende berufliche Einbindung auch mit weitreichenden Emanzipationsbestrebungen. Organisiert in zahlreichen Frauenverbänden erstritten sie neue Familien-, Abtreibungs- und Scheidungsgesetze und veränderten auf diese Weise das gesellschaftliche Bild der Frauen in Italien. Die ‚moderne italienische Frau', die Beruf und Mutterschaft ganz selbstverständlich verbindet, ist jedoch vorrangig im Norden des Landes anzutreffen, wo berufstätige Mütter gesellschaftlich anerkannt und durch die Bereitstellung von Krippen und Kindergärten unterstützt werden. Im Süden Italiens hingegen finden sich nur wenige außerfamiliale Betreuungsmöglichkeiten und zudem eher traditionelle Familienstrukturen und Rollenverteilungen.

In den 60er Jahren verstärkten Frauengruppen, Gewerkschaften und politische Parteien – hier PSI und PCI – ihre Forderungen nach einem Ausbau der Krippen und Kindergärten, die eine angemessene Versorgung der Kinder während der Arbeitszeit der Familien garantieren sollten. In diesem Zusammenhang wurde der Staat aufgerufen, für seine Bürger etwas zu tun und die vorschulischen Einrichtungen nicht mehr allein privat-kirchlichen Initiativen zu überlassen. Verknüpft mit diesen Forderungen wurden auch Ansprüche zur inhaltlichen Reform: Die bisherigen veralteten Konzeptionen zur Kindererziehung sollten überwunden und entsprechend den aktuellen Lebensbedingungen der Familien und ihrer Kinder neu gestaltet werden.

Im Jahre 1968 wurden diese Forderungen insofern eingelöst, als die moderate Viel-Parteienregierung das erste nationale Kindergartengesetz verabschiedete (Gesetz Nummer 444), das die *scuola dell' infanzia*, in Abgrenzung zum Konzept der bisherigen ‚mütterlichen Schule', als kostenlose Einrichtung für alle Drei- bis Sechsjährigen festschrieb und sie zudem dem Kultusministerium unterstellte. In diesem Gesetz wurde darüber hinaus verankert, dass die *scuola dell' infanzia* vom Staat bezahlt, von den Regionen verwaltet und von den Kommunen geleitet werden muss. Zu dieser dezentralen Struktur kam die Auflage einer kollektiven Leitung durch Eltern, Erzieherinnen und Bürger hinzu. Auch inhaltliche Neuorientierungen wurden in diesem Gesetz festgeschrieben. Die familienergänzende Erziehung in der *scuola dell' infanzia* sollte zu einer umfassenden Bildung der kindlichen Persönlichkeit beitragen, auch um „*den Mangel an kulturellen Reizen auszugleichen, der vielfach in der Umgebung der Kinder vorzufinden ist*" (Frabboni 1980, S. 43).

Um diesen Anspruch einlösen zu können, wurden 1974 neue Curricula für die Kindergärten erlassen, die ihre pädagogische Identität bis heute durch folgende Ziele und Aufgaben sichert: Die Arbeit der Erzieherinnen soll auf die individuelle kindliche Entwicklung ausgerichtet sein, zur Überwindung kultureller und sozialer Ungleichheiten beitragen, behinderte Kinder sollen integriert werden, eine gemeinwesenorientierte Pädagogik wird gefordert, und darüber hinaus sollen in den *scuole dell' infanzia* Eltern, Erzieherinnen und Bürger sowohl bei der Leitung als auch im pädagogischen Alltag eng zusammenarbeiten. Eine kostenlose Nutzung galt bei Gesetzeserlass als Beitrag zur sozialen Gerechtigkeit gegenüber den Nutzern, dieser Anspruch konnte allerdings nur für kurze Zeit verwirklicht werden. Heute zahlen die Eltern Beiträge für die Kindergärten, die je nach Einkommen gestaffelt sind. Bereits zu Beginn der 70er Jahre wurden erhebliche Sparmaßnahmen im sozialen Bereich durchgeführt, da sich Italien – wie die übrigen europäischen Länder – in einer wirtschaftlichen Rezession befand. Auch heute angesichts der weitreichenden ökonomischen Krise in diesem Land wird vor allem im sozialen Sektor eingespart. Auch die Kommune in Reggio musste die Elternbeiträge fast verdoppeln, um die Kosten für die Kindereinrichtungen tragen zu können.

Wichtig bei der Einlösung des Gesetzes 444 und der geltenden Curricula ist jedoch wiederum das Nord-Süd-Gefälle innerhalb Italiens. Vorwiegend in den reichen Regionen des Nordens, die zudem größtenteils kommunistisch-sozialistisch regiert werden, gestaltet sich die *scuola dell' infanzia* auch tatsächlich dem Gesetz entsprechend. In Mittel- und Süditalien sind zum Teil noch heute zu wenig öffentliche Einrichtungen für Kinder vorhanden, die außerdem sehr unterschiedlichen Zielsetzungen folgen. Diesem Pluralismus liegt die im Prinzip wichtige Autonomie der einzelnen Kommunen zugrunde, die ihre jeweiligen pädagogischen Standards, wie beispielsweise die Aus- und Weiterbildung ihres Personals und die inhaltlichen Konzeptionen, selbst bestimmen können. Im günstigen Fall entstehen auf diese Weise innovative und kindgemäße Modelle wie in Reggio Emilia, häufig finden sich jedoch in den Kindereinrichtungen eher traditionelle und konservative Erziehungsformen. Aufgrund dieser Vielfalt innerhalb der pädagogischen Praxis kann also von ‚der' Vorschule in Italien nicht gesprochen werden: *„Das einheitsstiftende Element der italienischen Vorschule besteht allein in der Hinwendung auf eine umfassende Entwicklung der kindlichen Persönlichkeit und zwar unterteilt in die drei fundamentalen Aspekte des puer faber, puer ludens und puer sapiens: Tun, Spiel und Wissen"* (Flores D'Arcais, Böhm et al. 1979, S. 27).

Die Entwicklung der Krippen in Italien seit 1960 5.5

Die *asili nido*, so der italienische Name für Kinderkrippen, standen lange Zeit im Schatten der *scuola materna*. Ein Grund für das Schattendasein der Krippen lag darin begründet, dass die öffentliche Erziehung von Kindern unter drei Jahren stets von ideologischen Haltungen beeinflusst und Diskussionen über mögliche außerfamiliale Betreuungsformen äußerst heftig geführt wurden. Vor allem die katholische Kirche und der Faschismus prägten das Bild eines kleinen Kindes, das nur durch seine Mutter die beste Versorgung und Erziehung erfahre. Dieses Bild verhinderte für lange Zeit eine eigenständige Identität der Krippe, denn es machte sie im öffentlichen Ansehen zur reinen Bewahranstalt mit vorrangig hygienischem Charakter und ihre Erzieherinnen allenfalls zum Muttterersatz.

Im Zuge der Auseinandersetzungen um neue Formen der Kindererziehung in den 60er Jahren veränderten sich jedoch auch die Ansprüche hinsichtlich einer Kleinstkindbetreuung. Vor allem Frauen waren es, die ihre Mutterschaft nicht länger als ‚Handicap' bei der Verwirklichung ihrer Lebensziele erleben wollten.

Entsprechend der Veränderung ihrer sozialen Identität und aufgrund einer häufig als notwendig erachteten Berufstätigkeit, organisierten sich viele Mütter in Frauenverbänden, wie beispielsweise in der *Unione Donne Italiane*, der *UDI*. Die Union forderte, dass Beruf und Mutterschaft durch die Unterstützung von Krippen miteinander vereinbar und zudem die rein gesundheitliche Orientierung der bestehenden Einrichtungen durch neue und kindgemäße Inhalte abgelöst werden müssten. Ihre Forderungen fanden in den 60er Jahren mit ihren breiten sozialen und politischen Reformen Gehör und mündeten im Jahre 1971 in den Erlass eines nationalen Krippengesetzes (Nummer 1044).

Der Titel dieses Gesetzes lautet: „Nationale Verfügung über die Errichtung kommunaler Krippen unter Mitwirkung des Staates", d. h. der im Kindergartengesetz festgeschriebene Anspruch einer dezentralen Struktur gilt ebenso für die Krippen, die vom Staat finanziert und von den Regionen geplant werden, wobei die Kommunen eigene pädagogische Standards festsetzen können. Zur Zielsetzung der Krippen findet sich in dem erweiterten Gesetzestext der Region Emilia Romagna folgende Aufgabe: *„Die Betreuung der Kinder von null bis drei Jahren in den Krippen bildet im Rahmen einer Politik für die Familien einen sozialen Dienst des öffentlichen Interesses. Die Krippen haben das Ziel, für eine zeitweilige Betreuung der Kinder zu sorgen, um den Familien einen angemessenen Beistand zu sichern, und um den Frauen den Zugang zur Arbeit zu erleichtern"* (Codice di Diritto Regionale Comunale 1981, S. 594, Art. 1).

Ein weiterer Schwerpunkt des Gesetzes ist die Beteiligung von Eltern an der Leitung der Krippen. Ihre Einbeziehung folgt dem Ziel einer basisdemokratischen Verwaltung, die Mitbestimmung der Eltern gilt jedoch darüber hinaus als unverzichtbarer Bestandteil der Krippenpädagogik, da eine harmonische Entwicklung der Kinder nur durch eine kontinuierliche Zusammenarbeit von Erzieherinnen und Familien gewährleistet werden kann. Um eine wirklich familienunterstützende Krippe zu schaffen, muss laut Gesetz ihre inhaltliche Arbeit den Bedürfnissen der Familien entsprechen, wobei aufmerksame Beobachtungen der Lebensbedingungen von Eltern zu den Aufgaben der Erzieherinnen gehören: *„Die Krippen müssen mit qualifizierten Mitarbeitern ausgestattet sein, die in der Lage sind, den Kindern eine umfassende gesundheitliche und psycho-pädagogische Unterstützung anzubieten ... und mit den Familien zu kooperieren"* (vgl. Codice di Diritto Regionale Comunale 1981, S. 594, Art. 6, Abs. 3,4). In diesem Gesetz ist auch die Integration behinderter Kinder in die Krippengruppen verankert. Bei schweren Behinderungen garantieren einige regionale Verfassungen, wie die der Emilia Romagna, Mittel für die Einstellung zusätzlicher Betreuerinnen. Diese Region, ebenso wie Latio und Venetien, definiert die Krippen sogar als Bildungseinrichtungen und sichert die pädagogische Qualifizierung ihrer Mitarbeiter durch in die Arbeitszeit integrierte Fortbildungen sowie eine praxisorientierte Betreuung durch Fachberater.

Das Gesetz 1044 ist insofern von Bedeutung, als es den rein bewahrenden Charakter der Krippen auflöst und ihnen eine soziale und pädagogische Identität zuspricht, die auf die umfassende Entwicklung der Kinder im Verbund mit ihren familialen Lebenserfahrungen abzielt. So ist in Italien die Wichtigkeit dieses Gesetzes unbestritten. Doch seit seinem mehr als 20jährigen Bestehen werden auch kritische Einwände laut, die vor allem auf die Diskrepanz von ursprünglich angestrebten Zielsetzungen und heutiger Situation verweisen. 1972 sollte nämlich durch die Bereitstellung staatlicher Mittel das gesamte Krippennetz erweitert werden, um für mindestens 10 Prozent aller Null- bis Dreijährigen Plätze anbieten zu können. Bis heute gibt es in Italien allerdings nur für ca. 5 Prozent aller Kinder dieser Altersstufe einen Krippenplatz, wobei dieses Angebot regional äußerst unterschiedlich ist: 60 Prozent aller Krippen befinden sich allein in den drei nördlichen Regionen Lombardei, Emilia Romagna und Piemont, wodurch dort ein Versorgungsgrad von ca. 20 Prozent erreicht wird (vgl. Jacobini 1992). Je weiter man nach Süden blickt, umso weniger Betreuungsplätze gibt es, und in Sizilien findet sich beispielsweise keine einzige Krippe. Auch hier offenbart sich wiederum das Nord-Süd-Gefälle des Landes, indem der ‚reiche' industrialisierte Norden zahlreiche Krippen anbietet und demzufolge die Nutzung seiner wirtschaftlichen Ressourcen mit der politischen Willenserklärung verbindet, Familien mit Kleinstkindern zu unterstützen.

Die Krippen in der BRD

In Hinblick auf die Existenz eines Krippengesetzes wird ein erheblicher Unterschied zwischen der Vorschulerziehung in Italien und der öffentlichen Erziehung in der alten Bundesrepublik deutlich: Hier gibt es weder ein Krippengesetz, noch eine verbindliche inhaltliche Konzeption. Dieser Mangel an konkreten Orientierungshilfen hat für die Praxis zur Folge, dass jede Krippe und ihre Mitarbeiter die pädagogischen Zielsetzungen selbst entwickeln müssen. In diesem Zusammenhang soll allerdings kein starres Erziehungsprogramm für die Krippen gefordert werden – wie dies z. B. in der ehemaligen DDR vorhanden war –, denn in dem Fehlen eines verbindlichen Curriculums für die Krippen liegt auch die Chance, eigene und für die jeweilige Praxis stimmige Konzeptionen zu entwickeln. So betonen Betreuerinnen, Eltern und Wissenschaftler in den alten Bundesländern seit Jahren die Notwendigkeit eines Krippengesetzes, das dem ‚Notbehelf' Krippe im gesellschaftlichen Ansehen endlich die soziale und pädagogische Bedeutung zumisst, die diese Institution in ihrer Praxis schon längst einnimmt.

Eine gesetzliche Verankerung des Krippenwesens wäre auch insofern von Belang, als es den ‚Bewahrcharakter' dieser Einrichtungen auflösen, die Erzieherinnen von dem gesellschaftlichen Ansehen eines Muttterersatzes befreien und ihre Arbeit als pädagogisch wichtig bewerten würde. Nicht zuletzt die Eltern von Kleinstkindern könnten von einem Krippengesetz profitieren: Mit der Zusicherung des Rechtes auf einen Krippenplatz würde die Berufstätigkeit von Frauen mit kleinen Kindern auch gesellschaftlich anerkannt. Dies ist in anderen europäischen Ländern schon seit langem der Fall, denn dort stellt die Mutterschaft kein Handicap für eine Berufsausübung dar. Sowohl in Frankreich, Belgien, den Niederlanden, Schweden oder Dänemark gibt es mehr Krippen als in den alten Bundesländern, und für die meisten Frauen mit Kindern unter drei Jahren stellt sich dort nicht die schwierige Entscheidung ‚Beruf oder Kind', da ein breites Angebot an Tageseinrichtungen die Frauen unterstützt. Im Hinblick auf die Reduzierung des Krippenangebotes in der ehemaligen DDR (von ehedem 80 Prozent auf geplante 25 Prozent) sind auch dort viele Mütter mit der für sie neuen Frage konfrontiert: „Wohin mit dem Kind während der Arbeitszeit?" Bei der Abwicklung vieler DDR-Krippen ist besonders problematisch, dass die Arbeitsämter Frauen nur dann als arbeitslos und arbeitssuchend anerkennen, wenn sie einen Krippenplatz für ihr Kind nachweisen.

Die Kindergärten in der BRD

Auch hinsichtlich der Entwicklung hiesiger Kindergärten finden sich erhebliche Unterschiede. Bereits 1968 erließ Italien, ein Land, dessen sozio-ökonomisch brüchigen Strukturen wesentlich weniger soziale Absicherungen für Kinder und ihre Familien anbieten als die BRD, ein Kindergartengesetz, das sowohl die Identität der scuole dell' infanzia als Bildungseinrichtung festschrieb als auch einer Erziehung von Kindern zu „autonomen und gemeinschaftsfähigen Persönlichkeiten" (vgl. B. Ciari 1973) eine zentrale gesellschaftliche Bedeutung zusprach.

Zu dieser Zeit begannen in der alten Bundesrepublik gerade weitreichende politische und soziale Reformansätze, die vor allem von der Studentenbewegung initiiert wurden und neben vielen anderen Lebensbereichen auch der öffentlichen Kindererziehung neue Impulse gaben. Mit dem Ziel einer Befreiung von autoritären Familien- und Gesellschaftsstrukturen sollten Kinder frühzeitig durch eine repressionsfreie Umgebung „zum aufrechten Gang" und zur kritischen Haltung gegenüber jeglicher Autorität erzogen werden. Gerade diese politische Dimension von Erziehung wurde in den damals von Studenten gegründeten Kinderläden betont, indem eine antiautoritäre Erziehung als Voraussetzung für die Entwicklung des freien und selbstbestimmten Menschen und somit einer neuen Gesellschaft galt (zum Entstehen und den vorrangigen Zielsetzungen der Kinderladenbewegung vgl. auch den Film von G. Bott: Erziehung zum Ungehorsam, Berlin 1970).

Insbesondere der Anspruch auf eine Erziehung zu Autonomie und Selbstbestimmung von Kindern floss dann in den 70er Jahren in die sogenannte Kindergartenreform ein, als im Zuge weitreichender Bildungsreformen auch für die Vorschulerziehung neue pädagogische Standards gesetzt wurden. Mit dem Ziel einer stärkeren Verbindung von Lernen und Leben sollten die Kindergärten ihren Kindern kompetente und autonome Handlungsstrategien im Umgang mit der aktuellen Wirklichkeit vermitteln. Hinsichtlich dieser Zielsetzung finden sich einige Gemeinsamkeiten zwischen der bundesdeutschen und der italienischen Vorschulreform, indem individuelle und soziale Lernprozesse von Kindern betont und in einen engen Zusammenhang zu ihrem sozio-kulturellen Umfeld gestellt wurden (vgl. Deutsches Jugendinstitut 1979). Allerdings führten die in den 70er Jahren begonnenen inhaltlichen Neuorientierungen der Kindergärten nicht überall in der Bundesrepublik zu einer gesetzlich verankerten Form dieser Einrichtungen wie sie in Italien anzutreffen ist: Nur wenige Bundesländer erließen eigene Kindergartengesetze, die aufgrund weitreichender Sparprogramme und der politischen Favorisierung einer Familienpolitik gegenüber der öffentlichen Erziehung heute teilweise wieder zurückgenommen werden sollen.

Die Vorschulerziehung in Reggio Emilia heute 5.6

Auch die kommunalen Krippen und Kindergärten der Stadt Reggio wurden von den politischen und kulturellen Wandlungsprozessen in Italien auf entscheidende Weise beeinflusst, und so finden sich in ihrer heutigen Praxis vielfältige Bezüge zur Geschichte der Vorschulerziehung wieder. Dies gilt im Hinblick auf die in den 20er Jahren entwickelte Idee von Erziehung als gemeinschaftliche Aufgabe, die im Verlauf der 60er Jahren in die italienischen Krippen und Kindergartengesetze einfloß und bis heute in den kommunalen Einrichtungen durch eine kollektive Leitung umgesetzt wird. Eine intensive Beschäftigung mit der Geschichte der italienischen Pädagogik ist auch in der Praxis erkennbar: Teile der Ansätze von Montessori, Agazzi, den italienischen Reformpädagogen und entwicklungspsychologische Erkenntnisse neuerer Zeit wurden in die pädagogische Arbeit aufgenommen und mit innovativen Elementen einer ästhetischen Erziehung kombiniert. Insofern ist die Reggio-Pädagogik mehr als nur ein Spiegel der gesamten Entwicklung in den italienischen Krippen und Kindergärten, da sie die historischen Entwicklungen aufgegriffen und diese mit neuen und ungewöhnlichen Ideen zur Kindererziehung verbunden hat.

Schon seit der Jahrhundertwende ist die Stadt Reggio ein Motor für neue Formen öffentlicher Erziehung. In den 20er Jahren gründeten Bauern einen autonomen Gemeinde-Kindergarten, nach dem Krieg erbauten Eltern und Dorfbewohner das erste *asilo del populo*, und in den 60er Jahren erstritten die reggianischen Familien neue Konzepte und Trägerstrukturen für ihre Kindereinrichtungen. Schon vor Erlass der nationalen Gesetze wurden in Reggio zudem eigene kommunale Krippen und Kindergärten eingerichtet. Hierbei bediente sich die Kommune eines alten Gesetzes über die Errichtung von Betriebskindergärten und -krippen, das bei einer Anwesenheit von mindestens 30 Frauen pro Betrieb den Aufbau von Betreuungsplätzen vorschrieb. Als ‚Betrieb' definierte sich die Kommune selbst und mit ihren weit mehr als 30 Mitarbeiterinnen konnte sie ihren ersten Kindergarten schon 1963 und ihre erste Krippe 1970 eröffnen. Wichtigste Zielsetzungen waren damals eine basisdemokratische Leitung der Einrichtungen durch Eltern und Erzieherinnen, eine Arbeit in altershomogenen Gruppen, die Integration behinderter Kinder sowie die Möglichkeiten einer internen Weiterbildung für die Erzieherinnen und ihre Betreuung durch pädagogische Berater (Zur Entstehungsgeschichte der ersten kommunalen Kindereinrichtungen vgl. Comune di Reggio Emilia 1980).

Diese inhaltlichen Richtlinien finden sich bis heute in dem reggianischen Modell wieder, teilweise gestützt auf gesetzliche Bestimmungen, wobei ihre Umsetzung in Reggio sehr viel konsequenter erfolgt als in anderen Städten und Regionen. Dies liegt u. a. in der Tatsache begründet, dass auch die Politiker der öffentlichen Erziehung eine besondere Bedeutung zusprechen und zudem die enge Verbindung von familialer und institutioneller Kinderbetreuung betonen. Zu ihrem politischen Programm „Ausgaben für Kinder sind produktive Investitionen" kommt ein breites Engagement seitens der reggianischen Eltern und Bürger für die Belange ihrer Kinder hinzu, und nur in dieser über Jahrzehnte gewachsenen Koalition von Bürgerinteresse und politischen Entscheidungen konnte die Reggio-Pädagogik entstehen und wachsen. In ihrem zentralen Anspruch auf ein Zusammenwirken von Politik, Pädagogik und Kultur finden sich demzufolge Bezüge zu dem besonderen sozialen und kulturellen Klima innerhalb der Stadt wieder, ein Klima, das nach Aussagen von Pädagogen die Entwicklung und Umsetzung neuer Ideen und Modelle für die Kindererziehung begünstigte. So beschreibt L. Malaguzzi, dass seine Ideen und die Vorstellungen seiner Mitarbeiter gerade in Reggio auf fruchtbaren Boden fielen, weil die Bewohner dieser Stadt *„offen waren für das Ungewöhnliche und besonders für ihre Kinder eine neue Erziehung wollten, die nicht in den hohen Schriften der Pädagogik verzeichnet war, sondern ihren eigenen Vorstellungen entgegenkam"* (Malaguzzi 1985). Diese Besonderheit der Stadt Reggio im Vergleich zum gesamten italienischen Vorschulwesen offenbart sich auch bei Besuchen in anderen Städten: Schon 20 km weiter finden sich Krippen und Kindergärten, die mit ihrer konventionellen Praxis weit entfernt sind von den Ansätzen der Reggio-Pädagogik.

Ein wesentlicher Bestandteil der Reggio-Pädagogik ist bis heute die Frage nach dem ‚Wohin' der Erziehung, d. h. auf der Grundlage gesamtgesellschaftlicher Entwicklungen werden neue Wege in der Kindererziehung gesucht und die Erziehungspraxis folglich zu einer ‚Pädagogik des Werdens'. In ihrer bewussten Hinwendung zu den Veränderungen in Erziehung und Bildung bezieht sich die Reggio-Pädagogik ausdrücklich auf ihre historisch-politischen Dimensionen, indem sie ihre Zielsetzungen aus einem sozialistischen Menschenbild ableitet und zudem die dialektischen Beziehungen zwischen Gesellschaft und Erziehung immer wieder betont. Nach Aussagen der Pädagogen in Reggio ist dialektisches Denken immer Prozessdenken: Diese Prozessorientierung findet sich sowohl in der Arbeit mit Kindern als auch in der Zusammenarbeit von Erwachsenen, indem durch die Verbindung von Handlung und Reflexion eine ständige Weiterentwicklung des Projektes angestrebt und das ‚Ist' von Erziehung stets an ihrem ‚Soll' gemessen wird. In dieser Suche nach neuen Wegen und in dem utopischen Potential, das der Kindererziehung zugesprochen wird, liegt eine Besonderheit des pädagogischen Modells und der Stadt Reggio Emilia. Auch wenn die kommunalen Einrichtungen und mit ihnen die Reggio-Pädagogik heute aufgrund weitreichender Probleme gefährdet sind, die Finanzkrise in Italien hat auch die Kommunen zu gravierenden Einsparungen im Sozialbereich gezwungen mit der Folge, dass die Frage „Qualität oder Quantität" der Krippen und Kindergärten in Reggio beantwortet werden muss, ist das „Prinzip Hoffnung" und das Vertrauen in eine bessere Zukunft in dieser Stadt noch immer erkennbar.

„Ideologie und Utopie (...) gehören eben nicht zusammen, sondern voneinander getrennt – das eine bestätigt die Wirklichkeit, das andere, die Utopie, versucht, sie zu transzendieren. Nein, nur Narren können Utopie mit staatlich verordneter Ideologie verwechseln" (Jens 1993).

In diesem Sinne sind auch die aktuellen Aussagen einiger reggianischer Bürger zu verstehen: „Veränderungen und Verbesserungen sind immer möglich." Bei einer Versammlung reggianischer Familien und Bürger zur Situation der Vorschuleinrichtungen im Herbst 1992 wurde diese Aussage mehrfach getroffen und zum Motto für zahlreiche Aktionen in der Stadt für den Erhalt der kommunalen Krippen und Kindergärten mit ihrer besonderen Qualität. Diese Haltung angesichts der drohenden Schließung von kommunalen Einrichtungen und die zahlreichen Initiativen von Familien in Reggio für den Erhalt der Krippen und Kindergärten wirken überzeugend und weisen auf einen Optimismus hin, der vielerorts, nicht zuletzt auch hierzulande, im Bereich der öffentlichen Erziehung notwendig wäre.

Von Reggio lernen

6

„Eine Übertragung von Ideen ist möglich, aber es kann keinen Import oder Export von Erfahrungen geben, denn diese muss man selbst machen. Erfahrungen sind immer verbunden mit der Geschichte eines Menschen und mit historischen Ereignissen. Natürlich kann man von anderen etwas lernen, doch die Voraussetzung dafür ist: Zuerst muss ich ich selbst sein, dann kann ich werden wollen wie du."

(Paulo Freire 1990)

Inwiefern kann das Modell aus Reggio Emilia auch hierzulande zu neuen Wegen in der Kindererziehung beitragen? Diese Frage ist zumindest in den alten Bundesländern so neu nicht, denn seit ihrem Bekanntwerden in den 80er Jahren des letzten Jahrhunderts nehmen viele Erzieherinnen Elemente der Reggio-Pädagogik auf, wie beispielsweise die Raumgestaltung oder die Zusammenarbeit von Erzieherinnen und Kunstpädagogen in Krippen und Kindergärten. Der Satz „Wir arbeiten nach Reggio“ ist demnach insbesondere von Praktikern aus westdeutschen Einrichtungen zu hören, die in Ausstellungen und Tagungen vielfältige Anregungen zu diesem Thema erhalten. Doch auch in den neuen Bundesländern wird das reggianische Modell zunehmend bekannter. Unter dem Begriff ‚italienische Didaktik‘ findet es sich in den Curricula und Stundenplänen der zahlreichen Anpassungsqualifikationen für Erzieherinnen aus der ehemaligen DDR. Darüber hinaus werden in den neuen Bundesländern Arbeitsgruppen und Zentren gegründet, in denen Betreuerinnen und Kunstpädagogen mit Kindern ‚nach Reggio‘ arbeiten.

Die Hintergründe und Motive für eine Aufnahme der Reggio-Pädagogik sind in West und Ost jedoch sehr unterschiedlich. Sowohl hinsichtlich der Bewertung der öffentlichen Erziehung als auch in Bezug auf ihre Inhalte und Ziele wurden in der Bundesrepublik und der ehemaligen DDR nach dem Mauerbau Wege eingeschlagen, die verschiedener kaum sein könnten. In den alten Bundesländern wurde (und wird) die Kindererziehung als vorrangige Aufgabe der Familien angesehen. Im Hinblick auf die Anzahl berufstätiger Mütter mit Kindern unter drei Jahren hat diese Bewertung u. a. zur Folge, dass es für Kleinstkinder nach wie vor zu wenig außerfamiliale Betreuungsangebote gibt (vgl. Laewen et al. 1992). Hinzu kommt, dass die Krippen und Kindergärten der alten Bundesländer ohne verbindliche pädagogische Konzeptionen arbeiten. Aufgrund dieser Situation sind Erzieherinnen im Westen seit Jahren mit der Notwendigkeit konfrontiert, Orientierungshilfen für ihre Praxis selbst zu entwickeln. „Damit wir wissen was wir tun" ist für viele Praktiker der Anlass zur Erstellung eigener Konzepte, wobei sie auf im Westen bekannte Erziehungsmodelle zurückgreifen, wie z. B. die Arbeiten von Emmi Pikler und Maria Montessori. Ebenfalls herangezogen werden Aspekte der Altersmischung, des Situationsansatzes oder der Waldorf-Pädagogik. Die Aufnahme von Elementen aus Reggio ist in den westdeutschen Einrichtungen somit ein weiterer Mosaikstein im Gesamtbild der selbstentwickelten Konzeptionen.

Gänzlich anders stellt sich die Situation der Erzieherinnen in den neuen Bundesländern dar. Die Kindererziehung galt in der ehemaligen DDR als vorrangige Aufgabe des Staates mit der Folge, dass es für ca. 80 Prozent aller Kleinstkinder außerfamiliale Betreuungsmöglichkeiten gab. Zudem existierten für Krippen und Kindergärten spezifische Erziehungsprogramme, die die Ziele der pädagogischen Arbeit bis ins Kleinste definierten und den Betreuerinnen genaue Methoden, die sogenannten ‚Führungsstrategien', zu ihrer Einlösung vorschrieben. Seit dem Zusammenbruch des politischen Systems der DDR und seinem Erziehungs- und Bildungswesen stehen nun auch die Mitarbeiter in Krippen und Kindergärten vor der Aufgabe, neue Wege für ihre Praxis zu finden. Teilweise entsprechen die nach der Wende initiierten Veränderungen dem persönlichen Bedürfnis von Erzieherinnen, ihren beruflichen Erfahrungen mit den alten rigiden Erziehungsprogrammen nun eigene Ideen entgegenzusetzen. Zum Teil sind diese Veränderungen jedoch auch ‚von oben' verordnet, wenn beispielsweise in den neuen Bundesländern Leiter von Kindereinrichtungen die Auflage erhalten, in kurzer Zeit neue pädagogische Konzeptionen vorzulegen, um von der Kommune oder einem freien Träger übernommen zu werden. Auch die Mitarbeiter der Einrichtungen müssen sich aufgrund formaler Bestimmungen weiterqualifizieren. Viele Erzieherinnen tun dies auch mit großem Interesse und Engagement, auch mit der die Hoffnung, durch die Teilnahme an einer Anpassungsqualifikation ihre berufliche Zukunft sichern zu können. Allerdings ist weder die Vorlage neuer Konzepte noch die Beteiligung an Fortbildungen eine Garantie für die Weiterbeschäftigung: Die Abwicklung vieler Einrichtungen in den neuen Bundesländern hat bereits begonnen und berücksichtigt eher ökonomische als soziale oder persönliche Faktoren.

Nicht allein ihre ungewisse berufliche Zukunft empfinden viele Erzieherinnen in den neuen Bundesländern als belastend. Auch die Erfahrung, seit der Wende „alles ganz anders als früher" machen zu müssen, d. h. die Konfrontation mit grundsätzlich anderen Haltungen und Konzepten zur Kindererziehung, stellt für sie eine große Verunsicherung dar. Überzeugungen, Ideen und Handlungsweisen, die sich in den alten Bundesländern über Jahrzehnte hinweg als sinnvoll im Umgang mit Kindern entwickelt haben, sollen nun von den ehemaligen DDR-Erzieherinnen möglichst im Eilverfahren gelernt werden, nach dem Motto: „Das machen wir im Westen schon lange so!" (Diese Aussagen stammen aus Fortbildungsveranstaltungen mit Erzieherinnen aus den alten und neuen Bundesländern unmittelbar nach der Wende in den Jahren 1989 bis 1991.) Bedenklich bei Transferversuchen dieser Art ist, dass sie selten den Erfahrungshintergrund der Betreuerinnen aufgreifen und ihre aktuelle Situation wenig berücksichtigen. Zudem sind Aussagen über eine ‚richtige' Erziehung von Kindern auch in den alten Bundesländern nur schwer zu treffen. Die zum Teil sehr unterschiedlichen Meinungen und Vorstellungen von Erzieherinnen und Eltern spiegeln sich im Bereich der öffentlichen Erziehung wider, und so finden sich dort vielfältige Erziehungsziele und -stile. Insofern ist die Haltung, der Westen mache alles besser (ganz im Sinne des ‚Besserwessi') und habe die richtigen Rezepte für eine neue pädagogische Praxis im Osten, sicherlich kein gelungener Beitrag zu den notwendigen Veränderungsprozessen. Eine Reaktion auf diese Haltung ist der Versuch vieler Erzieherinnen in den neuen Bundesländern, ihre berufliche Vergangenheit mit dem Satz zu behaupten: „Bei uns war aber nicht alles schlecht." Diese Äußerungen spiegeln die Situation vieler Erzieherinnen aus der ehemaligen DDR wider, die von den neuen pädagogischen Aufgaben aus dem Westen überfordert waren und zudem wenig Gelegenheit hatten, sich mit ihrer eigenen beruflichen Vergangenheit auseinanderzusetzen.

Sicherlich war in den Kindereinrichtungen der ehemaligen DDR nicht ‚alles schlecht', ebensowenig wie im Westen ‚alles gut' war. In allen Krippen und Kindergärten finden sich bewährte und bewahrenswerte Aspekte, demgegenüber aber auch Bereiche, in denen Veränderungen notwendig sind. Eine Auseinandersetzung über Reformen im Bereich der Erziehung sollte demnach auf einen ‚dritten Weg' zwischen West- und Ost-Pädagogik abzielen. Bei der Frage, inwiefern nun das Modell aus Reggio zu Veränderungen in diese Richtung beitragen kann, soll demzufolge eine Polarisierung zwischen alten und neuen Bundesländern vermieden und statt dessen grundsätzliche Überlegungen im Hinblick auf die öffentliche Erziehung angestellt werden. Hierbei geht es um Fragen, die alle Erzieherinnen in gleichem Maße beschäftigen, d. h. um eine Verknüpfung ihrer eigenen Praxis mit neuen Ideen und Anregungen aus Reggio, *„denn nur das, wofür wir entschieden und handelnd eintreten, kann vorangebracht werden"* (Malaguzzi 1992, S. 29).

Im Folgenden werden demnach keine Rezepte oder Anweisungen für die Erzieherinnen formuliert, sondern anhand vieler Beispiele aus den reggianischen Einrichtungen soll zu einer erneuten Auseinandersetzung um die Formen und Wege ihrer pädagogischen Praxis angeregt werden. Eine solch breite Auseinandersetzung ist gerade heute von entscheidender Bedeutung, denn Erziehen heisst immer auch Verantwortung übernehmen.

6.1 Verantwortung in der Erziehung

In den nachfolgenden Überlegungen werden Beobachtungen der Praxis in Reggio und Erfahrungen aus Krippen und Kindergärten in den alten und neuen Bundesländern miteinander verknüpft. Hierbei spiegeln die thematischen Schwerpunkte der einzelnen Kapitel die unterschiedlichen Erziehungswirklichkeiten der einzelnen Einrichtungen wider. Weil es beispielsweise ‚die' Kita nicht gibt, werden im ersten Teil Vorschläge zur Entwicklung von Konzeptionen im Hinblick auf die Vielfalt von Krippen und Kindergärten erstellt unter dem Titel: ‚Verantwortung in der Erziehung'. Auch ‚die' Erzieherin gibt es nicht und so geht es im zweiten Teil um grundsätzliche Überlegungen zur ‚Professionalität der Erzieherinnen'. Ebensowenig finden sich in Krippen und Kindergärten ‚die' Eltern, im dritten Teil ‚Die Zusammenarbeit zwischen Eltern und Erziehern' werden demzufolge neue Formen der Elternarbeit diskutiert. Nicht zuletzt gibt es auch ‚das' Kind nicht: Abschließende Bemerkungen zum Thema ‚Das Ich und das Wir' zeigen Wege auf, wie Kinder in Institutionen zusammenleben und wie sie von dieser Gemeinschaft profitieren können.

Eine öffentliche Kindererziehung ohne die Frage „Wohin wollen wir die Kinder erziehen?", kann es nach Ansicht der Pädagogen in Reggio nicht geben. Wenn Krippen und Kindergärten die Kinder nicht aufbewahren, sondern erziehen und bilden wollen, dann brauchen diese Einrichtungen ein Curriculum, das Aussagen darüber macht, welche Erziehungsziele und Bildungsinhalte verfolgt werden. Die Qualität der öffentlichen Erziehung hängt demzufolge in entscheidendem Maße von einer fundierten pädagogischen Konzeption ab.

Seit Bestehen des Modells in Reggio beschäftigen sich Erzieherinnen, Fachberater und Eltern mit der Frage nach den wesentlichen Inhalten der öffentlichen Erziehung, denn ihre Krippen und Kindergärten definieren sie als Erziehungs- und Bildungseinrichtungen. Ihre Vorstellungen über das ‚Wohin' der Kinderbetreuung sowie die Vorschläge zu ihrer Umsetzung, das ‚Wie' der pädagogischen Arbeit, sind im Laufe der Jahre in die Grundsätze des Modells, das sogenannte *regolamento*, der kommunalen Einrichtungen eingeflossen. Auf der Basis dieser Satzung erstellen die einzelnen Krippen und Kindergärten spezifische Konzeptionen, in Reggio als *progettazione* (‚Projektplan') bezeichnet. Die Entwicklung dieser jährlich neuen Konzepte ist nach Ansicht der Pädagogen deshalb wichtig, weil sich die Bedürfnisse und Interessen von Kindern, Eltern und Erzieherinnen stets verändern. Auf diese Veränderungen muss die pädagogische Arbeit ihrer Meinung nach eingehen, damit Krippen und Kindergärten zu wirklich familienunterstützenden Einrichtungen werden. Insofern gibt es in Reggio kein starres und unveränderbares Programm, sondern vielfältige Einzelkonzeptionen, die neue Ideen und sich wandelnde Bedürfnisse seitens aller Beteiligten aufgreifen.

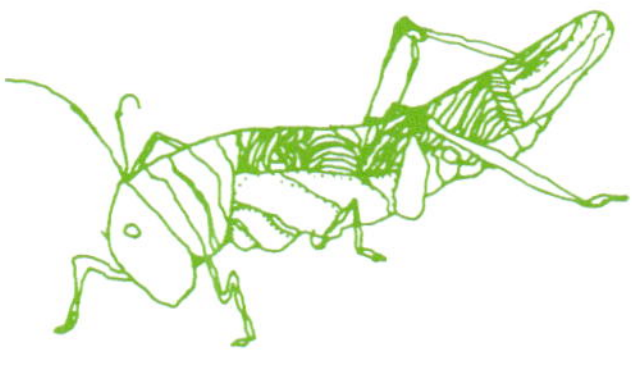

Wie sieht nun die Entwicklung dieser Konzepte in der Praxis aus? Diese Frage ist insofern von Belang, als Erzieherinnen auch hierzulande bemüht sind, Orientierungshilfen für ihre Einrichtungen zu entwickeln. Vor allem die Entscheidung zwischen Planung und Offenheit ihrer Arbeit stellt in diesem Zusammenhang eine besondere Schwierigkeit dar.

6.2 Planung ist nicht überflüssig: Wie in Reggio Emilia Konzeptionen entstehen

„Im erzieherischen Umfeld stellt unsere Konzeption ein Instrument dar, das die Organisation von Lern- und Entwicklungsmöglichkeiten erlaubt, indem wir Angebote formulieren, die das individuelle und soziale Wachstum der Kinder begünstigen. Diese Planung ist ein Akt des Vorhersehens, d. h. wir machen uns vor unseren Handlungen Gedanken über die Arbeit." (Rinaldi 1984, S. 213)

Bereits vor Beginn des neuen Schuljahres, gemeint ist die Öffnungszeit der kommunalen Einrichtungen von September bis Mitte Juli, treffen sich alle Mitarbeiter in ihren Krippen oder Kindergärten, um mit einem Fachberater die Schwerpunkte der Arbeit für das kommende Jahr festzulegen. Wichtig ist, dass bei dieser Planung sowohl Erzieherinnen als auch Kunstpädagogen, Köchinnen und Reinigungskräfte anwesend sind. Dem Prinzip der kollektiven Leitung verpflichtet, entscheiden alle Mitarbeiter gemeinsam über ihre weiteren Tätigkeiten und Aufgaben. Ihre Planung umfasst drei Bereiche: erstens die Vorbereitung von Aktivitäten mit Kindern, zweitens die Strukturierung der Elternarbeit und drittens die Organisation der Team-Arbeit.

Zu allen Themen werden Ideen und Vorschläge gesammelt, Termine abgesprochen, Aufgaben verteilt und die Ergebnisse dieser einwöchigen Planungsphase auch in schriftlicher Form festgehalten. Zu der Vorbereitung des ersten Schwerpunktes, den Aktivitäten mit Kindern, sollen hier Auszüge aus zwei

Konzeptionen vorgestellt werden, zu Beginn aus der Krippe *G. Rodari* und darauf folgend aus dem Kindergarten *Diana*.

Die Erzieherinnen der Krippengruppe *lattanti* (dies sind Kinder von neun bis 12 Monaten) hatten beobachtet, dass die Jüngsten zumeist mit der Erforschung ihrer Umwelt beschäftigt waren. Sowohl die vorhandenen Materialien wurden ausführlich erkundet als auch erste Kontakte zu den anderen Kindern und den Erwachsenen geknüpft. Ausgehend von diesen Beobachtungen entwickelten die Mitarbeiter folgende Ideen: Um die Erkundungsprozesse der Jüngsten weiter anzuregen, wollten sie neue Materialien zur Verfügung stellen wie beispielsweise Holz, verschiedene Stoffe und Felle, Federn, Schwämme, Papier u. ä. m., um durch diese Materialien den Kindern vielfältige Tast-Erfahrungen zu ermöglichen. Ein wichtiges Kriterium für die Auswahl des Materials war seine ‚Angemessenheit'. In dem Wissen, dass Kinder dieser Altersstufe ihre Welt mit dem ganzen Körper erkunden, und demzufolge alle Objekte irgendwann einmal auch im Mund der Jüngsten ankommen, wurden nur ungiftige und ausreichend große Objekte ausgewählt.

In Bezug auf die sozialen Kontaktmöglichkeiten zwischen Kindern dieses Alters wurden folgende Anregungen entworfen: Die Jüngsten sollten jeweils zu zweit von zwei Betreuerinnen gewickelt werden, kleine Matratzen zum Kuscheln und Schlafen für mehrere Kinder angeboten und Spiele mit Wasser und Sand in Kleingruppen angeregt werden. Weitere Vorschläge zur Raumgestaltung oder zu Aktivitäten formulierten die Mitarbeiter auf eine sehr persönliche Art, indem sie zuerst ihre Ziele betonten: „Wir halten es für wichtig, dass das einzelne Kind individuelle Anregungen erhält, aber auch soziale Kontaktmöglichkeiten zwischen Kindern geschaffen werden" (Krippe G. Rodari 1986). Darauffolgende konkrete Vorschläge für die Arbeit wurden ebenfalls in schriftlicher Form festgehalten.

Wichtig bei diesem Vorgehen ist, dass die Konzeptionen in Reggio niemals weit entfernt von der konkreten Situation einer Einrichtung erstellt und somit ‚unbrauchbar' für die Praxis werden. Vielmehr stützen sie sich auf die Beobachtungen der Mitarbeiter, fassen ihre Vorstellungen und Ideen zusammen und stellen auf diese Weise eine tatsächliche Unterstützung der alltäglichen Arbeit dar. *„Unsere Konzeption ermöglicht uns die Formulierung präziser Ziele, d. h. wir müssen nicht jeden Tag ständig neu improvisieren, sondern können planvoll handeln. Natürlich verplanen wir nicht jeden Moment des Tages. Ein Konzept entwickeln heisst für uns: die Kinder beobachten, im Team darüber reden, Vorschläge machen und sehen, ob diese für die Kinder interessant sind"* (Renza, Erzieherin, 1986).

Nach Aussagen der Erzieherinnen in Reggio ermöglicht ihnen diese Form der Planung auch ein individuelleres Eingehen auf die Kinder. Die Tagesabläufe und Angebote werden im Team abgesprochen und die verschiedenen Aufgaben zwischen den Mitarbeitern aufgeteilt. Auf diese Weise finden die Erzieherinnen mehr Raum für intensive Kontakte zu einzelnen Kindern. Darüber hinaus fordert die Erstellung eines Konzeptes die ständige Verknüpfung von Handeln und Reflexion: Indem sich die Erzieher im Team über ihre Beobachtungen und weiteren Angebote austauschen, ist ihre Professionalität nicht allein auf die Arbeit ‚am Kind' beschränkt.

Auch in den Kindergärten werden alltägliche Beobachtungen mit weiteren Planungsschritten verbunden. In der Einrichtung *Diana* war beispielsweise ein Kind mit seiner Familie umgezogen und alle Kinder begannen daraufhin, ‚umziehen' zu spielen. Sie waren mit dem Ein- und Auspacken von Gegenständen beschäftigt und wollten dann wissen, wie man denn zu dem neuen Haus von Antonia kommt. Mit Zeichnungen und ausführlichen Wegbeschreibungen versuchte die vierjährige Antonia den Kindern Auskunft zu geben, bevor

sie zu dem Schluss kam: „Am besten kommt ihr in mein Haus, dann seht ihr die richtige Straße." Die Erzieherinnen hatten diese Tätigkeiten der Kinder beobachtet und beschlossen in einer Team-Sitzung, zu dem Thema ‚Stadt' ein Projekt durchzuführen. Zum einen wollten sie die Fragen der Kinder aufnehmen, zum anderen aber auch mehr darüber erfahren, wie sich Vierjährige in ihrer Umgebung orientieren. Sie entschieden sich, den Kindern ein Angebot, in Reggio auch als ‚provokatorisches Element' bezeichnet, zu diesem Bereich anzubieten. Mit einer Gruppe Vierjähriger machte sich eine Erzieherin auf den Weg zur bekannten *piazza* mit den steinernen Löwen im historischen Zentrum der Stadt. Zuvor erklärte sie den Kindern, dass sie ihnen auf dem Hinweg den Weg zeigen würde, beim Rückweg sollten dann die Kinder selbst die Führung übernehmen.

Auf dem Weg zur *piazza* entdeckten die Vierjährigen viele interessante Objekte. So bot der Parkplatz des Kindergartens mit seinen Kieselsteinen Anlass zum ausführlichen Erkunden. Danach fanden die Kinder einen offenen Kanaldeckel, der sie zum Hinein-Schauen und Steinewerfen anregte. Beim Weitergehen stießen sie auf einen Briefkasten und spielten sie ausführlich mit seinen laut klappernden Seitenklappen. Daraufhin entdeckten sie einen Kiosk, der sie mit Süßigkeiten und interessanten Spielsachen anlockte. Auf der *piazza* angekommen, begrüßten sie die Löwen und erklärten der Erzieherin, dass sie nun selbst den Rückweg finden wollten. Gesagt, getan. Sie liefen zuerst zum Kiosk, dann zum Briefkasten, danach zum Kanaldeckel, zum Parkplatz, und schließlich kamen sie wieder im Kindergarten an. Nach diesem Erlebnis malten Kinder ihre Häuser, ihre Umgebung und bauten dann mit den Kunstpädagogen und Erzieherinnen ein Modell der Stadt Reggio. Dort trugen sie die Wohnungen ihrer Freunde und Freundinnen ein und alle für sie interessanten Orte wie das Schwimmbad, die Löwen auf dem Marktplatz, das große Theater und den Spielzeugladen. Diese einzelnen Projekt-Stationen wurden von den Erzieherinnen dokumentiert und zusammen mit den Eltern ausgewertet (vgl. P. Cagliari, Erzieherin, 1985).

Beide Beispiele aus Reggio zeigen, dass eine Planung des pädagogischen Alltags keine Verplanung von Kindern oder Erzieherinnen bedeuten muss. Im Gegenteil: Auf der Grundlage genauer Beobachtungen der Mitarbeiter werden die aktuellen Interessen der Kinder aufgegriffen, und diese fließen ein in Vorschläge und Ideen für die praktische Arbeit der kommenden Zeit. *„Unsere Aktivitäten und Vorschläge müssen sich auf das Kind beziehen, das wir vor uns haben, nicht auf das Kind, das nur in theoretischen Entwicklungsmodellen existiert"* (E. Reverbari, Erzieherin, 1986).

Zwar haben die Erzieherinnen im Rahmen ihrer internen Fortbildungen die Möglichkeit, theoretisches Wissen über die Entwicklung von Kindern zu erwerben und mit ihren Eindrücken aus der Praxis zu verbinden. In diesem Sinne werden sie zu vielfältigen Themenbereichen beraten und fortgebildet. Die Verantwortung für die Entwicklung der Konzeptionen tragen jedoch die Mitarbeiter einer Einrichtung selbst, denn sie gelten als kompetente Organisatoren und Gestalter ihrer eigenen Praxis. Demzufolge werden keine festen Programme mit der Auflage ihrer minutiösen Einlösung ‚von oben' an sie herangetragen. Erfahrungen zeigen, dass starre Konzepte, die außerhalb der pädagogischen Praxis entwickelt werden, Erzieherinnen wenig Unterstützung geben. Vielmehr führen sie häufig im Alltag dazu, dass sich ein ‚geheimer Lehrplan' durchsetzt, indem Praktiker mittels eigener Ideen diese realitiätsfernen Konzepte zu umgehen versuchen.

In Reggio entscheiden die Erzieherinnen selbst über die Ziele und Wege ihrer Praxis. Ihre Eindrücke und Ideen können sie im Team diskutieren, wobei folgende Fragen einen wichtigen Stellenwert einnehmen: Womit sind unsere Kinder beschäftigt? Wo brauchen sie unsere Unterstützung? Wo können sie autonom handeln? Wie können wir ihre Interessen weiter anregen? Die Auseinandersetzung zwischen allen Mitarbeitern wird als besonders wichtig erachtet, ermöglicht sie doch einen Austausch über die jeweiligen Interessen der einzelnen und eine Verständigung über gemeinsame Ziele. *„Unsere Team-Diskussionen und Absprachen sind sehr wichtig, damit wir nicht gegeneinander, sondern miteinander arbeiten können"* (S. Cipolla, Erzieherin, 1986).

Auch wenn die Konzeptionen in Reggio jedes Jahr neu erstellt werden und sich somit stets verändern, gibt es dennoch einige verbindliche Grundsätze für ihre Entwicklung. Diese beziehen sich im wesentlichen auf folgende Aspekte:

1. das Bild vom Kind als kompetentes und aktives Wesen;
2. ein ganzheitliches Entwicklungsverständnis im Hinblick auf die hundert Sprachen der Kinder;
3. die Rolle der Erzieherin im Sinne einer Begleitung von Kindern anstelle ihrer Belehrung;
4. die Einbeziehung der Eltern als Partner bei der Kindererziehung;
5. die Arbeit der Krippen und Kindergärten als Teil des sozialen Lebens und der Kultur eines Ortes.

In diesem Zusammenhang wird der Bezug zu den wesentlichen Zielen und Grundsätzen der Reggio-Pädagogik deutlich, da auch die Einzelkonzeptionen Fragen nach dem ‚Wohin' und dem ‚Wie' der Kindererziehung stellen. Bei diesen Überlegungen können die Erzieherinnen auf langjährige Erfahrungen bei der Gestaltung ihrer Konzepte und zudem auf interne Beratungsmöglichkeiten zurückgreifen. Diese Bedingungen sind sicher nicht einfach auf die hiesigen Einrichtungen zu übertragen, ebensowenig wie die spezifischen Inhalte der Konzepte aus Reggio. Dennoch könnte der Weg ihrer Erstellung auch hierzulande zu neuen Formen der Konzeptionsentwicklung anregen. Vor allem im Hinblick auf ihr Entstehen ist die Frage „Wohin wollen wir unsere Kinder erziehen?" von besonderer Bedeutung. Sie könnte zum Ausgangspunkt eines Prozesses werden, in dem sich die Mitarbeiter einer Einrichtung über ihre jeweiligen Ideen und Vorstellungen austauschen und verständigen. Einige Etappen zur Entwicklung einer Konzeption sollen nun vorgestellt werden.

Das Menschenbild in der Erziehung

Zu welchen Menschen wollen wir die Kinder eigentlich erziehen? Diese Frage stellt sich für Eltern immer wieder, doch auch in Krippen und Kindergärten ist sie von zentraler Bedeutung. Die Antworten auf diese Frage spiegeln nämlich die grundsätzlichen Werthaltungen und Ziele wider, die Erwachsene – bewusst oder unbewusst – in das Zusammenleben mit Kindern einbringen. Der Begriff ‚Menschenbild' mag in diesem Zusammenhang zunächst schwer verständlich sein, ist doch der pädagogische Alltag zumeist von anderen Faktoren bestimmt, als von Überlegungen zu den ‚höheren' Zielen der Erziehung. Eine Hilfestellung zu Beginn einer Konzeption ist hier die konkrete Frage an Erzieherinnen: „Was braucht deiner Meinung nach ein Kind?". In ihren möglichen Antworten wie Liebe, Zuwendung, Anregung, Freiheit, Unterstützung, Versorgung u. ä. m. findet ihr jeweils eigenes Bild vom Kind seinen Ausdruck, ein Bild, das durch diese Frage klarer definiert wird und häufig auch die Wahrnehmung der Erzieherinnen im Hinblick auf die Kinder verändert. Die Frage „Was braucht ein Kind?" stellte ich in vielen Interviews Erzieherinnen aus der BRD und aus Reggio. Die häufigste Antwort hierzulande lautete: „Liebe". In Reggio wurde als Grundbedürfnis des Kindes benannt, „dass der Erwachsene seine Signale erkennt, versteht und angemessen auf sie eingeht“. Dies ist m. E. mehr als nur ein kulturell bedingter Unterschied zwischen Erzieherinnen hierzulande und weist auf den Zusammenhang zwischen dem Bild vom Kind und der hieraus abgeleiteten Erzieherrolle hin.

Die Auseinandersetzung von Erzieherinnen über ihre Vorstellungen sollte darauf abzielen, eigene und stimmige Grundsätze für die pädagogische Praxis zu finden. In diesem Zusammenhang ist auch ein Blick auf die Geschichte der Kindheit und die verschiedenen Bilder vom Kind von Nutzen. Bei Autoren wie Emmi Pikler, Maria Montessori, Bruno Bettelheim, Heinrich Jacoby, Erich Kästner, Janusz Korczak und nicht zuletzt Loris Malaguzzi finden sich vielfältige Aussagen über das Wesen und die Kompetenzen von Kindern, die zum Teil ganz erstaunliche neue Perspektiven für die Arbeit in Kindereinrichtungen eröffnen. Zum Beispiel haben Sätze von Janusz Korczak wie: *„Das Recht des Kindes auf den heutigen Tag“* oder: *„Das Recht des Kindes so zu sein, wie es ist“* (vgl. Korczak 1979) in Weiterbildungen häufig den Effekt, dass Erzieherinnen ihre grundsätzliche Einstellung zu Kindern verändern und ihr Handeln neu überdenken.

Für die Erstellung einer Konzeption ist die Frage nach dem Bild des Kindes insoweit von Belang, als sie zum Ausgangspunkt für die eigentlichen Zielsetzungen der pädagogischen Arbeit werden kann. Bei der Suche nach einem Motto für ihre Einrichtung, das ihrer Haltung gegenüber Kindern Ausdruck verleiht, wählten viele Erzieherinnen z. B. die Aussagen von Korczak über die Rechte von Kindern oder auch Gedichte von Kästner, Ringelnatz und Dreiske (vgl. Dreiske 1987).

In der Beschäftigung mit Literatur zur Kindheit oder in dem Austausch mit

Kollegen über ihr Bild vom Kind liegt demnach die Möglichkeit, über den Alltag mit seinen konkreten Notwendigkeiten hinaus, eine umfassende Grundlage für die eigene Arbeit zu schaffen. Die Frage „Was wollen wir für unsere Kinder?“ ist für ein Team auch insofern wichtig, als sich alle Mitarbeiter über ihre weiteren Vorgehensweisen verständigen müssen, damit ein neues Motto oder neue Grundsätze ihre Umsetzung in die Praxis erfahren.

Überlegungen zur Rolle der Erzieherin

Unmittelbar abzuleiten vom Bild des Kindes sind die Einstellungen und Aufgaben der Erzieherinnen. Sehen sie im Kind vorrangig ein Wesen, das Schutz und Versorgung benötigt, werden sie es in erster Linie beschützen und versorgen. Sind sie demgegenüber von der Aktivität und Kompetenz der Kinder überzeugt, werden sie versuchen, diese Eigeninitiative zu unterstützen. Im Anschluss an die Frage: „Was braucht ein Kind“ steht folglich die Überlegung: „Was ist meine Aufgabe als Erzieherin?“ Hier geht es um die Bestimmung der eigentlichen Professionalität einer Erzieherin mit folgender Fragestellung: Worin liegen meine Aufgaben? Was unterscheidet mich von der Rolle der Eltern? Die fachliche und personale Kompetenz von Erzieherinnen ist demzufolge nicht allein auf ihr praktisches Handeln mit Kindern zu reduzieren, sondern beinhaltet auch notwendige Phasen einer Selbstreflexion.

„Jede Vernachlässigung des Kindes in der Erziehung hat (...) ihren unmittelbarsten Ursprung in der Vernachlässigung des Erziehers durch sich selbst. (...) Erziehung hat also die beständige ‚Arbeit des Erziehers an sich selbst‘ zur Voraussetzung und zur dauerhaften Begleitung“ (Lauff 1988, S. 55).

Auch im Rahmen der Entwicklung einer Konzeption besteht für Erzieherinnen die Chance zu der ‚Arbeit an sich selbst‘. Durch den Austausch mit Kollegen oder Beratern können sie von ihrem alltäglichen Handeln einen Schritt zurücktreten und sich über die eigentlichen Ziele und Wege ihrer Praxis verständigen.

Zielsetzungen für die Arbeit mit Kindern und Formen ihrer Umsetzung

Geht es bei den Fragen nach dem Bild vom Kind und der Rolle der Erzieherin eher um die Grundsätze der Arbeit in Krippen und Kindergärten, bezieht sich die Formulierung von Erziehungszielen in stärkerem Maße auf die konkrete Praxis. Um deren wesentliche Zielsetzungen im Rahmen eines Konzeptes definieren zu können, ist folgende Frage von Belang: Welche Eigenschaften und Fähigkeiten sollen die Kinder in unserer Einrichtung erwerben können? Die Antworten auf diese Frage weisen auf konkrete Aufgaben und Tätigkeiten von Erzieherinnen hin, die in einem unmittelbarem Bezug zu ihrem pädagogischen Alltag stehen.

In Reggio werden beispielsweise der Erwerb von Autonomie, Kompetenz, Solidarität, Kritikfähigkeit und experimentellem Denken von Kindern besonders betont und alle Situationen des Tages im Hinblick auf diese Ziele überprüft: Welche Angebote unterstützen die autonomen Aktivitäten von Kindern? Wie können sie ihre Kompetenzen erweitern? Auf welche Weise wird die Entwicklung sozialer Verhaltensweisen zwischen Kindern ermöglicht? In der Frage „Was wollen wir für die Kinder erreichen?" liegt demnach bereits das ‚Wie' begründet, d. h. die Umsetzung von Erziehungszielen in pädagogisches Handeln. Erinnert sei hier an die Konzeption der Krippe *G. Rodari*. Nach dem Benennen der wichtigsten Ziele für die Kinder, die Erkundung der Umwelt und die Chance zu sozialen Kontakten, erfolgt eine Reihe von Vorschlägen zu ihrer Umsetzung. Oder wenn in einem reggianischen Kindergarten nach dem Mittagessen zwei Jungen damit beschäftigt sind, die Betten für die anderen Kinder aufzubauen und ihnen ihre Lieblingsspielzeuge auf das Kopfkissen zu legen, liegen auch diesen alltäglichen Verrichtungen die großen Ziele ‚Verantwortung' und ‚Solidarität' zugrunde.

An dieser Stelle einer Konzeption geht es um die detaillierte Analyse der eigenen Praxis. Wenn Erzieherinnen beispielsweise den Satz von Janusz Korczak „Das Recht des Kindes, so zu sein, wie es ist" als zentralen Anspruch ihrer Konzeption definieren, sollten sie jeden Moment ihrer Praxis im Hinblick auf dieses Ziel betrachten, um den Kindern mit ihrer Eigenpersönlichkeit Raum zu geben. Dies bezieht sich auf verschiedene Aspekte: Erlaubt die räumliche Gestaltung der Einrichtung vielfältige Einzel- und Gruppenaktivitäten? Berücksichtigen die zeitlichen Abläufe in der Kita die verschiedenen Interessen und Rhythmen der Kinder? Inwiefern sind ausreichende Materialien für die unterschiedlichen Aktivitäten vorhanden? Wie können Angebote sowohl das ‚Ich' des einzelnen Kindes als auch soziale Prozesse unterstützen? In diesen einzelnen Planungsschritten geht es folglich darum, das eigene Bild vom Kind und die hieraus abgeleiteten Zielsetzungen in den Alltag der Einrichtungen umzusetzen. Hierzu bedarf es sowohl einer Organisation der inneren Struktur einer Einrichtung, im wesentlichen der Raumgestaltung, des Tagesablaufes, der Angebote sowie der Team-Arbeit als auch der Planung von Kontakten mit den Eltern, dem Träger und dem Gemeinwesen.

Veränderbarkeit von Konzeptionen

Viele Erzieherinnen berichten, dass sie über lange Zeiträume hinweg an einer Konzeption arbeiten. Im Hinblick auf die hierzulande ungenügenden Vor- und Nachbereitungsmöglichkeiten ist es nicht erstaunlich, dass sie zwei Jahre und länger für die Erstellung ihrer Konzepte benötigen.

Zudem bedarf es bei der Formulierung der eigentlichen Ziele innerhalb einer Gruppe von Mitarbeitern der oftmals ungewohnten Auseinandersetzung über Meinungen, Vorstellungen und Ideen zur Kindererziehung. Dennoch bezeichnen viele Erzieherinnen diese Phasen als außerordentlich wichtig: *„Erst als wir begannen, über unsere Konzeption zu diskutieren, habe ich mir Gedanken über meine Ziele in der Arbeit gemacht. Als dann die Kollegen ihre Sichtweisen vorstellten, dachte ich: So viele verschiedene Meinungen kriegen wir nie unter einen Hut. Wir sind noch immer nicht fertig mit unserem Konzept, aber seitdem wir über unsere Arbeit kontinuierlich sprechen, hat sich das Klima in unserem Team sehr verbessert"* (C. Niemeyer, Kita-Leiterin, 1991).

Nicht allein die Veränderung der inneren Strukturen wird von Erzieherinnen als positiv erachtet, auch die mögliche Präsentation ihrer Arbeit nach außen gewinnt durch die Konzeption. Eine gute Öffentlichkeitsarbeit und die Information von Eltern werden ihren Aussagen zufolge wesentlich von einem eigenen Konzept unterstützt. Wichtig ist jedoch, dass die einmal gefundenen Grundsätze und Ziele für die Praxis auch weiterhin neue Ideen und Vorstellungen zulassen. Konzeptionen müssen variabel sein, damit sie die sich ändernden Bedürfnisse von Kindern, Eltern und Erzieherinnen berücksichtigen und in die pädagogischen Angebote einbeziehen können. Im Hinblick auf die Prozesse innerhalb der Kindererziehung geht es demzufolge um die Verbindlichkeit und gleichzeitige Offenheit von Konzepten. Durch einen möglichst konkreten Bezug auf die jeweilige Situation von Kindern, Eltern und Erzieherinnen bieten Konzeptionen eine Chance, die pädagogische Praxis zu begründen und in Bezug auf ihre Ziele das ‚Ist' von Erziehung mit ihrem ‚Soll' zu verbinden.

„Im Endeffekt hängt die Zukunft der Kindheit (...) ab von dem verbreiteten Bild von Kindern und Kindheit, den daraus resultierenden Einstellungen und Wertorientierungen der Erwachsenen, von der Art und Weise, wie diese mit den Lebenswelten der Kinder in Wechselwirkung treten und vor allem über pädagogische Einrichtungen und Maßnahmen die Alltagswelt der Kinder bestimmen" (Spanhel & Hotaminides 1988, S. 7f.).

6.3 Die Professionalität der Erzieherinnen in Reggio Emilia

Die Qualifizierung von Erzieherinnen in Italien

„Eine Schule, die Wissen auf Verstehen gründet, bedarf eines Lehrers, der verstanden hat." (Scholz 1992, S. 8)

Fragt man Erzieherinnen in Reggio nach ihren Ausbildungswegen, so erhält man sehr unterschiedliche Antworten: Kindergärtnerinnen, Grundschullehrer, Diplom-Pädagogen und Psychologen arbeiten in den kommunalen Einrichtungen mit den Kindern. Gerade letztere Berufsgruppen finden sich u. a. deshalb in den *asili nido* und den *scuole dell' infanzia*, weil ihnen der eingeschränkte italienische Arbeitsmarkt nur wenige Stellen bietet. Aufgrund der Tatsache, dass ein Hochschulstudium in Italien noch lange keine Garantie für eine spätere Anstellung darstellt, bewerben sich viele, eigentlich ‚überqualifizierte' Lehrer um eine Stelle in den Vorschuleinrichtungen. Darüber hinaus ist eine Beschäftigung bei der Kommune für alle Berufstätigen in Italien besonders attraktiv. Nach langwierigen Bewerbungs- und Prüfungsprozeduren, häufig muss für eine einzige freie Stelle in der Gemeinde über den Weg schriftlicher und mündlicher Examen (die *concorsi*) aus über 300 Bewerbern der oder die Glückliche ausgewählt werden, sichert die kommunale Anstellung eine für Italien ungewöhnliche soziale Absicherung. Hierbei sind nicht in erster Linie die Höhe der Gehälter entscheidend, da Grundschullehrer und Kindergartenerzieher ungefähr gleich bezahlt werden, sondern die relativ stabilen Lohnzahlungen und die gesicherte Altersversorgung durch die Kommunen. Anders als hierzulande schließen sich in Italien an eine Bewerbung um einen Arbeitsplatz bei der Kommune umfangreiche Prüfungen an, die auch künftige Lehrer oder Erzieherinnen ablegen müssen. Haben sie jedoch diese *concorsi* bestanden, winken für Italien sehr attraktive Arbeitsbedingungen. Ihre Gehälter werden kontinuierlich bezahlt, und nach 20jähriger Berufstätigkeit können sie in eine gesicherte Rente gehen. Diese Möglichkeit nutzen aktuell viele bewährte Erzieherinnen aus Reggio, und es stellt sich die Frage nach einer Qualifizierung des Nachwuchses.

Problematisch bei diesen unterschiedlichen Qualifikationen ist vor allem die Tatsache, dass sie kaum auf die Erfordernisse einer späteren Krippen- und Kindergartentätigkeit vorbereiten. Mangelnde praktische Erfahrungen insbesondere mit Kleinstkindern werden demzufolge auch von vielen Betroffenen bestätigt. Das Problem einer unzureichenden Vorbereitung besteht jedoch auch für die Erzieherinnen, die eine sogenannte *scuola magistrale* (etwa gleichzusetzen mit den hiesigen Erzieher-Fachschulen) besuchen. Während ihrer dreijährigen Schulzeit finden sich für die Absolventinnen kaum inhaltliche Bezüge auf die Vorschulpraxis, und die wenigen Hospitationen finden ausschließlich in Kindergärten

statt. Diese Ausbildung ist mit erheblichen Kosten verbunden, denn die meisten *scuole magistrali* liegen in Händen privater oder kirchlicher Träger. In Italien gab es bis 1983 nur sieben staatliche und kostenlose Erzieher-Fachschulen, die zudem einzig den Abschluss als Kindergärtnerin anbieten (vgl. Spaggiari 1990). Infolge dieser mangelnden Vorbereitung beschreiben vor allem Krippenerzieherinnen ihren Eintritt in das Berufsleben als besonders schwierig. Zu ihrer fehlenden Ausbildung kommen oftmals recht diffuse Vorstellungen über die Rolle einer Kleinkind-Erzieherin hinzu: *„Ich wollte immer mit Kindern arbeiten. Als ich dann aber mit so kleinen Kindern konfrontiert wurde, war ich überrascht und überfordert zugleich. Am Anfang dachte ich nur: Was soll ich denn außer Füttern und Wickeln mit den Babies den ganzen Tag machen?"* (Renza, Erzieherin, 1986).

Unklare Erwartungen an die Erziehungspraxis sind jedoch nicht nur für einzelne Betreuerinnen symptomatisch, denn noch immer ist in Italien die Rolle der Krippenerzieherin von ideologischen Vorurteilen bestimmt. In Verbindung mit dem gesellschaftlichen Ansehen der Krippe als ‚Notbehelf' oder Familienersatz scheinen auch den Erzieherinnen allein bewahrende Aufgaben – im Sinne eines ‚Muttterersatzes' – zuzukommen. Bis in die jüngere Zeit hinein galten in Italien die ‚natürliche Berufung der Frau' zur Erziehung sowie ihre ‚mütterlichen Fähigkeiten' als wichtigste Qualifikationsmerkmale der Erzieherinnen – entsprechend dieser Auffassung war von Männern nicht die Rede und für sie die Ausbildung zum Krippenerzieher nicht möglich.

Im Zuge einer grundsätzlichen Neubewertung der italienischen Krippen in den 60er Jahren, zusammenzufassen unter dem Motto „weg von der Bewahranstalt und hin zur Erziehungs- und Bildungseinrichtung", erfolgten neue berufliche Anforderungen an die Erzieherinnen. Im nationalen Krippengesetz von 1971 werden u.a. folgende Aufgaben benannt: „*Das erzieherische Personal muss in der Lage sein, auf die Bedürfnisse der Kleinstkinder angemessen einzugehen, indem es ihnen eine ausreichende gesundheitliche und psychopädagogische Unterstützung gewährt*“ (Krippen-Gesetz No. 1044, 1971, Art. 6, Abs. 3).

Nicht allein für die Arbeit mit Kindern werden in diesem Gesetz spezifische Fähigkeiten von den Betreuerinnen gefordert, auch die Zusammenarbeit zwischen Erwachsenen ist mit neuen Aufgaben belegt. Zu der Auflage einer kollektiven Leitung der Einrichtungen kommt der Anspruch hinzu, die Familien kontinuierlich in die pädagogische Arbeit einzubeziehen. Angesichts der als mangelhaft zu bezeichnenden Ausbildung von Erzieherinnen stellt sich die Frage, wie sie diesen umfangreichen Anforderungen gerecht werden und die notwendigen Kompetenzen erwerben können.

Im Hinblick auf die Diskrepanz zwischen Ausbildung und späterer Berufstätigkeit fordern Bildungspolitiker in Italien seit langem eine Veränderung des gesamten Ausbildungswesens für Erzieherinnen. Da eine solche nationale Reform jedoch in absehbarer Zeit nicht zu erwarten ist, bieten die einzelnen Regionen und Kommunen verschiedene Weiterbildungsmöglichkeiten für ihre Mitarbeiter an, die auf eine Art ‚Nachqualifizierung‘ abzielen. In diesen Fortbildungen sind zum Teil Erzieherinnen aus einer ganzen Region zu bestimmten Fragen der Kindererziehung zusammengefasst, um mit Pädagogen der örtlichen Universitäten und Fortbildungsinstitute relevante Themen ihrer Praxis zu bearbeiten. Einige Kommunen – wie auch Reggio Emilia – bieten darüber hinaus eine pädagogische Beratung an, indem Fachberater die einzelnen Einrichtungen kontinuierlich betreuen. Den Besuch von Fortbildungsveranstaltungen können die Erzieherinnen in Italien zumeist im Rahmen ihrer Arbeitszeit absolvieren, wobei das hierfür vorgesehene Stundenkontingent in den einzelnen Regionen variiert: In einigen Städten gibt es bei einer Wochenarbeitszeit von 40 Stunden zwei Stunden für die Vor- und Nachbereitung sowie Weiterbildung. In Reggio Emilia stehen den Erzieherinnen bei einer Wochenarbeitszeit von 36 Stunden vier Stunden für die kollektive Leitung und die internen Team-Fortbildungen zur Verfügung.

Das Fortbildungskonzept der Reggio-Pädagogik

„Wir sagen nein zu einer mangelhaften Vorbereitung der Erzieher, nein zu rein zufälligen Weiterbildungsmöglichkeiten, nein zu Experten-Modellen, die weit entfernt sind von der realen Erziehungssituation und nein zu der Trennung von Theorie und Praxis." (Ghendini 1985, S. 40)

Konfrontiert mit der unzureichenden Ausbildung von Erzieherinnen sind auch die Mitarbeiter des pädagogischen Zentrums in Reggio, die alle kommunalen Kindereinrichtungen betreuen und zudem mit den jeweiligen Leitungsräten über die Neueinstellung von Mitarbeitern entscheiden. Ihren Aussagen zufolge sind die wenigsten Absolventinnen der Fachschulen auch nur annähernd mit den Zielsetzungen und Arbeitsformen der Reggio-Pädagogik vertraut, denn – so erstaunlich es klingen mag – sie ist in den USA, Spanien, Dänemark oder der Bundesrepublik bekannter als in Italien selbst. Trotz einer breiten Öffentlichkeitsarbeit ist es den Pädagogen aus Reggio nach eigenen Aussagen nicht gelungen, über die Region Emilia Romagna hinaus ihr Modell in Italien stärker bekannt zu machen. „Der Prophet gilt nichts im eigenen Land": Dies mag ein Grund für die nur regionale Anerkennung der Reggio-Pädagogik sein, allerdings strömten nach der Oscar-Verleihung von Seiten der Zeitschrift NEWSWEEK an den Kindergarten *Diana* im Herbst 1991 alle italienischen Radio- und Fernsehsender nach Reggio und berichteten ausführlich über die Arbeit dort. „Amerika macht's möglich" war die lapidare Antwort von L. Malaguzzi auf diese Anerkennung, die natürlich mit Stolz und Freude von Erzieherinnen, Pädagogen und Bürgern angenommen wurde. Infolge dieser nationalen Nicht-Beachtung werden die Inhalte des Modells nicht in den Fachschulen vermittelt, und nur die Erzieherinnen, die in Reggio selbst aufgewachsen sind, verfügen über breitere Kenntnisse der Reggio-Pädagogik.

Aufgrund dieses Problems beginnen alle von der Kommune neu eingestellten Mitarbeiter mit einer Weiterbildung, die sie mit den Zielen und Wegen der Reggio-Pädagogik vertraut macht und ihnen beim Start ins Berufsleben wichtige Unterstützung gibt, denn: *„Die Qualität institutioneller Pädagogik wird in entscheidendem Maße von den Kompetenzen des erzieherischen Personals bestimmt"* (Rinaldi 1985, S. 184). Diese Qualifizierung findet teilweise im Rahmen externer Seminare, aber auch parallel zur konkreten Erziehungspraxis statt. In Reggio sind Team-Besprechungen, Beratungen oder Fortbildungen in die Arbeitszeit integriert und gelten zudem nicht allein für ‚die Neuen', sondern für das gesamte Team einer Einrichtung. Garantiert werden die Möglichkeiten einer internen Fortbildung im *regolamento* der Krippen und Kindergärten: *„Die Qualifizierung des Personals kann nicht nur durch eine individuelle Bereitschaft sichergestellt werden, sondern durch eine Form der Zusammenarbeit, in der verbindliche Zeiten für Einzel- und Gruppenfortbildungen sowie für kollektive Studienkreise zur Verfügung stehen"* (Comune di Reggio Emilia 1983, S. 5).

In die Praxis umgesetzt bedeutet dies, dass bei einer Wochenarbeitszeit von 36 Stunden allen Mitarbeitern vier Stunden für die Planung und Reflexion ihrer Tätigkeiten zur Verfügung stehen. Diese verbindlichen und bezahlten Vor- und Nachbereitungszeiten gelten in Reggio als unverzichtbarer Bestandteil der erzieherischen Arbeit, denn zum einen braucht die kollektive Leitung der Kindereinrichtungen feste Zeiten und Strukturen. Zum anderen fordert jedoch auch die Komplexität des pädagogischen Alltags – die Arbeit mit den Kindern, Eltern und Kollegen – einen kontinuierlichen Austausch zwischen den Mitarbeitern. Vor allem im Hinblick auf die Entwicklung ihrer eigenen Konzeptionen nutzen die einzelnen Teams die verfügbaren Vor- und Nachbereitungszeiten, indem sie in wöchentlichen Besprechungen sowohl ihre alltäglichen und organisatorischen Probleme diskutieren als auch zu bestimmten Fragen der kindlichen Entwicklung arbeiten. Hier können sie auf die Unterstützung der Fachberater zurückgreifen, die die einzelnen Einrichtungen kontinuierlich begleiten. ‚Interne Fortbildungen' nennen die Erzieherinnen diese Zusammenkünfte, die darauf abzielen, aktuelle Probleme im Team zu diskutieren, um mit Hilfe der Berater gemeinsame Lösungsvorschläge zu entwickeln. Insofern werden die Erzieherinnen von ihren Fachberatern nicht ‚kontrolliert' oder mit festen Aufgabenstellungen für die Praxis konfrontiert, sondern tatsächlich unterstützt: *„Als Erzieherin habe ich während meines Arbeitstages keine Zeit, wissenschaftliche Untersuchungen oder Fachbücher zu lesen, und abends zu Hause bin ich dazu viel zu erschöpft. Deshalb müssen die Berater unserem Team die neueren Ergebnisse aus der Forschung in verständlicher Weise vorstellen, einmal damit wir informiert sind und zum anderen, damit wir unsere Praxis verändern können*" (S. Cipolla, Erzieherin, 1992).

Das Angebot der internen Fortbildungen entspricht der Auffassung, dass erzieherische Professionaliät mehr ist als ein rein intuitives Handeln mit Kindern. Die Pädagogen in Reggio gehen davon aus, dass die Vermittlung von theoretischen Erkenntnissen für die Erzieherinnen von großer Bedeutung ist, weil sie auf diese Weise mögliche Erklärungen für ihre Beobachtungen und Fragen aus ihrer Praxis erhalten. Damit jedoch theoretisches Wissen über Kinder und ihre Entwicklungsschritte in angemessenes pädagogisches Handeln umgesetzt werden kann, muss sich die Vermittlung von Kenntnissen immer auf die Praxis in den Einrichtungen beziehen. Die Themen der Fortbildungen bestimmen folglich die Erzieherinnen mit. Eine besondere Bedeutung spielt in diesem Zusammenhang immer wieder die Frage nach der eigentlichen Berufsrolle der Erzieherin: *„In der Praxis kommt es darauf an, zu lernen, die Prozesse und nicht die Resultate, die die Kinder hervorbringen, zu betrachten (...). Am wichtigsten ist, dass es den Erzieherinnen gelingt, die Kinder auf ihren Entdeckungsreisen zu begleiten“* (Filippini 1991, S. 6).

Diesem Ziel entsprechend, werden in den internen Fortbildungen im wesentlichen folgende Fragen bearbeitet: Wie entwickeln sich die Kinder in unserer Einrichtung? Wie können wir die Kinder angemessen begleiten? Wo brauchen sie unsere Unterstützung, und wo können sie autonom handeln? Welche Angebote wollen wir durchführen? Wie werten wir unsere Beobachtungen und Erfahrungen aus? Insbesondere der Anspruch der Reggio-Pädagogik, Kinder bei ihren Lernschritten zu begleiten und sie nicht zu belehren, ist ein wichtiger Inhalt der internen Team-Fortbildungen. In diesem Zusammenhang erläutert Tiziana Filippini, Fachberaterin in Reggio, ein wichtiges Ziel der Beratungsarbeit: *„In Reggio haben wir uns für eine bestimmte Methode des Lehrens und Lernens entschieden, nämlich den ständigen Wechsel von theoretischer Untersuchung und praktischer Arbeit. Diese Art des Vorgehens halten wir allerdings für geradezu zwingend, weil sie einerseits dem Kind entspricht und weil ande-*

rerseits nur sie es den Erziehern erlaubt, sich in der Arbeit mit den Kindern weiterzuentwickeln" (Filippini 1991, S. 5).

Durch die fest in die Arbeitszeit integrierten Weiterbildungen haben die Erzieherinnen in Reggio die Möglichkeit, sowohl ihre Erfahrungen aus der Praxis aufzuarbeiten als auch die Formen ihrer Eltern- und Teamarbeit gemeinsam zu planen. Die kontinuierliche Begleitung ihrer Fachberater unterstützt sie zudem bei inhaltlichen Fragen. Die Erzieherinnen in Reggio können ihre pädagogische Praxis im Team gemeinsam planen, und durch ihre internen Weiterbildungen werden sie bei Fragen und Problemen kontinuierlich beraten. Zudem beinhalten ihre beruflichen Aufgaben ganz unterschiedliche Tätigkeitsbereiche: Sie arbeiten mit Kindern, Eltern und Kollegen und in den Leitungsgremien auch mit Kommunalpolitikern eng zusammen. Diese unterstützenden Bedingungen fordern auch hierzulande Erzieherinnen immer wieder. Allerdings wird die Einlösung ihrer Forderungen durch die Entscheidung für eine Familienpolitik mit einer gleichzeitigen ‚Mängelverwaltung' der öffentlichen Einrichtungen erheblich erschwert. Um angesichts dieser fehlenden politischen Unterstützung nicht zu resignieren, könnte sich die Aufmerksamkeit von Erzieherinnen jedoch auf mögliche Veränderungen im Innern ihrer Einrichtungen richten.

Insbesondere in Bezug auf die eigentliche Rolle einer Erzieherin vermag die Reggio-Pädagogik wichtige Anregungen zu geben: „*Kindererziehung ist mehr als ein ausschließliches Handeln am Kind!*" (vgl. Rinaldi 1992). In dieser Aussage wird der umfassende Begriff von Professionalität deutlich, der in Reggio Grundlage für die gesamte Praxis ist. Erzieherische Kompetenz wird dort definiert als „*Prozess der gegenseitigen Kenntnisbereicherung, als offenes Projekt von Fortbildung und Selbst-Fortbildung der Erzieher*" (Spaggiari 1984, S. 96). Dies meint, dass Erzieherinnen Foto- und Druckkurse wie auch die Teilnahme an Seminaren der Universitäten und Fortbildungsinstitute innerhalb ihrer Arbeitszeit absolvieren können. Zudem arbeiten sie im Rahmen ihrer Projekte auch mit Künstlern und ‚Nicht-Pädagogen', d. h. mit Physikern, Graphikern oder Computer-Fachleuten zusammen und können auf diese Weise neue Kenntnisse und Techniken erwerben.

Vor allem die Verbindung von fachlicher und personaler Kompetenz wird in diesem Zusammenhang betont. „Was tust Du am liebsten in Deiner Freizeit, und was würdest Du als Deine herausragendste Fähigkeit beschreiben?" sind Fragen, die Fachberater bei Team-Sitzungen immer wieder an die Erzieherinnen richten. Uns mögen diese Fragen ungewöhnlich oder ‚neugierig' erscheinen, sie weisen jedoch auf eine wichtige Grundhaltung gegenüber der erzieherschen Professionalität hin. Die Erzieherinnen in Reggio sollen ihre umfassenden Interessen und Fähigkeiten nicht von ihren ‚pädagogischen' Tätigkeiten abtrennen, sondern in das Zusammenleben mit den Kindern einbringen. „Was tust Du gern?" ist deshalb eine wichtige Frage an Mitarbeiter von Krippen und Kindergärten. Ihre (möglichen) Antworten wie lesen, tanzen, kochen, schreiben, fotografieren, malen, reisen, musizieren u. v. m. weisen auf wichtige kulturelle Fertigkeiten von Erwachsenen hin, die durchaus in das Zusammenleben mit Kindern einbezogen werden können. Gerade in den hiesigen Kindereinrichtungen ist diese Überlegung im Hinblick auf eine Erweiterung des erzieherischen Handelns sinnvoll, denn viele Erzieherinnen trennen noch immer einen großen Teil ihres privaten Lebens von ihrer Arbeit in der Kita ab in dem Glauben, dass ihre persönlichen Interessen dort nicht hingehören. Diese Reduzierung hat häufig zur Folge, dass in den Kitas ein zwar ‚pädagogischer', aber weitgehend wirklichkeitsfremder Alltag konstruiert wird und die Erzieherinnen darunter leiden, dass ihre Konzentration auf die Kinder nur einen geringen Teil ihrer Persönlichkeit fordert. Die Frage „Was brauche ich, um mich in meiner Einrichtung wohlzufühlen?“ stellt einen Ausweg aus diesem Dilemma dar, denn nicht allein die Kinder, sondern auch die Erwachsenen sollten sich in ihren Räumen und Alltagssituationen wohlfühlen können. Diese Frage bewirkt in Fortbildungen erstaunliche ‚Aha-Momente‘ bei Erzieherinnen. Zum ersten Mal machen viele Praktiker die Erfahrung, dass sie mit ihren Interessen und Fähigkeiten ernst genommen werden und diese in den Kita-Alltag einbringen können. Auch Veränderungsprozesse beginnen nach dieser Frage: Räume werden umgestaltet, um einen ‚Platz für Erzieher‘ zu schaffen, Tagesabläufe verändert und Projekte geplant, die auch den Erwachsenen Spaß machen und der ewigen ‚Spielplatz-Langeweile‘ interessantere Abenteuer entgegensetzen.

„Sich als ganzes zu fühlen, ist für das Kind – wie für jeden Menschen – eine biologische und kulturelle Notwendigkeit: ein lebensnotwendiger Zustand des Wohlbefindens“ (Malaguzzi 1990, S. 26).

Auch in diesem Satz von L. Malaguzzi findet der umfassende Kompetenzbegriff der Reggio-Pädagogik seinen Ausdruck. Die kulturellen, fachlichen und personalen Fähigkeiten von Erzieherinnen gelten als unverzichtbare Bestandteile ihrer Professionalität und werden folglich in die Arbeit mit den Kindern integriert. Die Anerkennung ihrer Gesamtpersönlichkeit erfahren die reggianischen Erzieherinnen von Beginn ihrer beruflichen Tätigkeit an und können auf diese Weise eine besondere Identifikation mit ihrer Arbeit entwickeln. So beantworten viele Betreuerinnen in Reggio die Frage: „Würdest Du Dein Kind in Deine Einrichtung bringen?“ mit einem eindeutigen „Ja“, und es finden sich tatsächlich viele Erziehersprösslinge in den Krippen und Kindergärten. Hierzulande ist die Frage nach der Unterbringung des eigenen Kindes, insbesondere vor seinem dritten Lebensjahr, schon fast eine Gretchenfrage, die zumeist ein zögerliches „kommt darauf an" auslöst und zum Maßstab für die eher zwiespältige Haltung gegenüber der eigenen Arbeit und den Erziehungsstilen der Kollegen wird.

In Reggio werden die Erzieherinnen im Rahmen ihrer Arbeit auf vielfältige Weise zu einer kontinuierlichen Weiterentwicklung angeregt: Sie erhalten praxisorientierte Beratungen, können an Fachtagungen und Kongressen teilnehmen, sie führen zahlreiche Besuchergruppen aus dem In- und Ausland autonom durch ihre Einrichtungen und stellen sich deren Fragen. Insofern werden Veränderungen für die einzelnen Erzieherinnen nicht als bedrohlich, sondern als erwünscht und möglich erfahren, denn die Verantwortung für ihren pädagogischen Alltag und ihre neuen Projekte tragen sie mit Kollegen, Eltern und Beratern gemeinsam. Auch aus diesem Grund entwickeln sie eine selbstbewusste Haltung gegenüber ihren Tätigkeiten und betonen das Werden ihrer Arbeit: *„Als Erzieherin musst du kritisch mit dir selbst sein und über das, was du tust, reflektieren. Im professionellen Sinn bist du nie ‚fertig' oder perfekt, immer neue Themen und Vorschläge von Kollegen und Eltern fordern deine Flexibilität und Lernbereitschaft heraus. Dies gilt sowohl für die Arbeit mit den Kindern als auch für den Austausch im Team und mit den Eltern. Wir sind nämlich nicht immer einer Meinung, aber wir haben die Möglichkeit, uns zu verständigen und neue Wege gemeinsam in Angriff zu nehmen"* (E. Reverberi, Erzieherin, 1986).

6.4 Die Zusammenarbeit zwischen Eltern und Erzieherinnen

„Unsere Arbeit gilt allen drei Hauptdarstellern des Erziehungsprozesses: dem Kind, den Erziehern, den Familien." (Rinaldi 1985, S. 177)

Nach einer zweimonatigen Schließungszeit eröffnen im September die reggianischen Kindereinrichtungen das neue Schuljahr (*anno scolastico*). Zurück aus den Ferien nehmen die Kinder wieder Kontakt zu ihren Erzieherinnen und Freunden auf und wechseln in den Gruppenraum der ehedem ‚großen Kinder', als die sie sich fortan selbst bezeichnen können. Für die neuen Kinder beginnt der Moment ihrer Eingewöhnung in die Krippen und Kindergärten.

Wie die Jüngsten den Eintritt in ihre neue Lebenswelt erfahren, soll ein Beispiel aus der Krippe *G. Rodari* verdeutlichen. Die Einrichtung nimmt im September 1986 elf neue *piccoli* auf, dies sind Kinder im Alter von neun bis 16 Monaten. Gruppen-Erzieherinnen sind Evelina und Patrizia, bei der Betreuung der insgesamt 14 *piccoli* werden sie von einer Halbtagskraft unterstützt. Die neuen Kinder kommen gemeinsam mit ihren Eltern, da die erste Woche als ‚Woche der offenen Tür' für Kinder und Familien gilt. Bis 13.00 Uhr ist die Krippe in dieser Zeit geöffnet mit einer *presenza massima* des Personals, d. h. alle Erzieherinnen und Wirtschaftskräfte sind anwesend. Nach dieser Eingewöhnungsphase steigern sich allmählich die Anwesenheitszeiten der Kinder, und erst zwei Wochen später schlafen auch die ‚Neuen' in der Einrichtung, denn: *„Die Kinder und die Eltern müssen allmählich in die Dynamik des Krippenlebens eintreten können"* (E. Reverberi, Erzieherin, 1986).

Diese Dynamik wird vor allem durch die Ankunft der elf neuen Kinder potenziert. Zusammen mit den neuen Eltern finden sich auch die bereits ‚eingewöhnten' Familien im Gruppenraum ein, und nunmehr vierzehn Kinder im Alter von neun bis 16 Monaten plus ihrer Verwandtschaft sind anwesend. Alle nehmen auf ganz eigene Weise Kontakt zur Umgebung auf: Die Erwachsenen begutachten den Raum oder unterhalten sich in einer Sitzecke, die Kinder krabbeln oder laufen herum, machen erste Erfahrungen mit den anderen *piccoli* und entdecken die interessanten Spielsachen. Schauen wir beispielsweise Alessandro zu: In Begleitung seiner Mutter und seines älteren Bruders beginnt er sogleich mit der aktiven Erkundung seiner Umwelt. Zielstrebig krabbelt er los in Richtung des Kletterpodestes, ohne auf die anderen Kinder zu achten. Dabei ‚überrennt' er Alice, ein sehr vorsichtiges Kind, das gerade zwischen sich und ihrer ängstlich beobachtenden Mutter und Großmutter einige Zentimeter Distanz legen konnte. Überwältigt von Alessandros ‚Attacke' beginnt sie zu weinen. Mutter, Großmutter, Alessandros Mutter und die Erzieherin eilen, um zu trösten. Derweil droht Alessandro vom inzwischen erreichten Klettergerüst zu fallen, im letzten Moment rettet ihn die Erzieherin Patrizia, auf dem Arm hält sie die 11 Monate alte Lisa, die – des Krabbelns noch nicht mächtig – die Welt am liebsten auf dem Arm eines Erwachsenen entdeckt. Zur gleichen Zeit versucht ein Vater zwischen seinem 12 Monate alten Sohn und einem anderen Kind die so wichtigen sozialen Kontakte zu initiieren, augenscheinlich irritiert von dem Desinteresse seines Sohnes, der gerade Perlen aus einer Schublade zu verspeisen sucht. Evelina erklärt ihm geduldig, dass dies nicht zu seinem Wohlbefinden beiträgt, gleichzeitig wird sie von den Fragen eines anderen neuen Vaters abgelenkt, der in der Aufregung des ersten Tages den Wickelraum nicht findet. Gleich mehrere Eltern und Großeltern wollen ihm folgen, um die Kleinsten zu wickeln.

Dies sind Impressionen aus den ersten Tagen einer Eingewöhnung, die alle Erzieherinnen mit einem großen Seufzer beenden. Und doch sind sie sich einig: *„Das Kind muss seinen Weg in die Krippe durch die Vermittlung der Eltern beginnen. Sie geben ihm Sicherheit für das Neue. Deshalb beteiligen wir die Eltern an der Eingewöhnung. Sie können hier mit dem Kind spielen, es füttern und wickeln, und mit der Zeit übernehmen wir dann diese Tätigkeiten, am Anfang immer im Beisein der Eltern"* (Sonia, Eluccia, Renza, Erzieherinnen, 1986).

Die Zusammenarbeit zwischen Eltern und Erzieherinnen beginnt in Reggio bereits vor der eigentlichen Eingewöhnungsphase mit einer Begegnung zwischen Erwachsenen. Sie treffen sich zu ausführlichen Gesprächen, in denen erste Kontakte geknüpft und Eindrücke über das Kind ausgetauscht werden. Für die Erzieherinnen ist es wichtig, über das bisherige Leben des Kindes in der Familie Informationen zu erhalten und einen Einblick in seine bisherige Entwicklung zu bekommen, denn: *„Ein Kind, das zu uns kommt, hat bereits eine eigene Geschichte. Diese versuchen wir kennenzulernen, um das Kind zu verstehen und in der Krippe angemessen auf seine Verhaltensweisen eingehen zu können"* (E. Reverberi, Erzieherin, 1986).

Für die Betreuerinnen sind die sogenannten Kolloquien jedoch mehr als eine Möglichkeit, genaue Informationen über das Kind zu erhalten. Sie sehen in diesen Gesprächen den ersten Schritt zur Zusammenarbeit zwischen den Familien und der Einrichtung. Mit dem Ziel, vertrauensvolle Beziehungen aufzubauen, *„denn auch das Kind spürt, ob wir gute Kontakte zu seinen Eltern haben"* (S. Cipolla, Erzieherin, 1990), geben die Erzieherinnen den Eltern bei den ersten Begegnungen Raum für verschiedene Fragen – zum Tagesablauf in der Krippe, zur Organisation der Elternarbeit, aber auch zu den Entwicklungs-schritten von Kindern: *„Viele Eltern haben nur* *ein Kind. Sie sind deshalb unsicher und suchen unsere Unterstützung*“ (S. Cipolla, Erzieherin, 1990).

Die Eingewöhnung der Kinder gilt in Reggio als eigentlicher Beginn der Beziehungen zwischen den Mitarbeitern einer Einrichtung und den Familien. Wichtig ist, dass die Eltern bereits vor dem Eintritt ihres Kindes in eine Krippe oder einen Kindergarten als Gesprächspartner ernstgenommen und zudem als kompetente ‚Fachleute‘ im Hinblick auf die Entwicklung ihres Kindes angesehen werden. Wie gestaltet sich nun die weitere Aufnahme der Kinder und ihre Eingewöhnungsphase in den reggianischen Krippen? Zum Ablauf der ersten Wochen haben Erzieherinnen und Fachberater zusammen mit einigen Wissenschaftlern ein Modell entwickelt, das Mitte der 80er Jahre teilweise auch in westdeutschen Krippen aufgenommen wurde und zu einer weitreichenden Veränderung der Eingewöhnungsphase führte (vgl. Laewen et al. 1990). Das Modell aus Reggio soll nun vorgestellt werden, da es u. a. aufzeigt, wie Theorie und Praxis in produktiver Weise zusammengeführt werden können.

Die Eingewöhnungsphase

Nicht allein Erzieherinnen in Krippen beschreiben die Zeit der Eingewöhnung als wichtigen Moment ihrer Praxis, auch zahlreiche Forschungsprojekte in Italien beschäftigen sich mit diesem Thema. Als herausragend zu bezeichnen sind in diesem Zusammenhang die Arbeiten von Susanna Mantovani, die in enger Verbindung zur Praxis in Reggio Emilia ein Modell zu Eingewöhnung junger Kinder entwickelte (vgl. Mantovani & Musatti 1983a). Der Eintritt des Kindes in die Krippe ist nach Mantovani ein ‚emotional beladener‘ Moment für alle Beteiligten, d. h. für das Kind, seine Eltern und die Erzieherinnen. Das Kind trifft auf eine ihm unbekannte Umgebung mit zunächst fremden Betreuerinnen und muss

sich zudem von seinen primären Bezugspersonen trennen. Auch die Eltern erleben eine zeitweilige Trennung von ihrem Kind, das sie einer noch weitgehend unbekannten Erzieherin anvertrauen. Diese wiederum muss sich sowohl auf das neue Kind als auch auf dessen Eltern einstellen. Im Hinblick auf diese Situation betont Mantovani, dass es während der Eingewöhnung in erster Linie darum geht, Vertrauen zwischen allen Beteiligten aufzubauen: *„Fest steht, dass der Erzieher zunächst eine wichtige und vertraute Bezugsperson sowohl für das Kind als auch für die Eltern werden muss“* (Mantovani & Musatti 1983a, S. 20).

Diesem Anspruch folgend, finden in Reggio Gespräche zwischen Eltern und Erzieherinnen vor der Eingewöhnung statt, darüber hinaus werden die Mütter und Väter gebeten, ihr Kind während der ersten zwei Wochen in der Krippe zu begleiten. Sie gelten als erste und wichtigste Bezugspersonen für das Kind und geben ihm in der neuen Umwelt Sicherheit. Frühzeitige Informationen weisen in den reggianischen Einrichtungen die Eltern darauf hin, dass sie ca. zwei Wochen Zeit aufbringen sollten, um ihr Kind eingewöhnen zu können. Allerdings kann dies auch durch Großeltern oder andere Verwandte geschehen, wichtig ist, dass eine vertraute Bezugsperson das Kind begleitet. Die Begriffe ‚Bezugs- oder Bindungspersonen‘ benutzt Mantovani in Anlehnung an das Bindungskonzept von Bowlby und Ainsworth, die Ende der 60er Jahre den Aufbau von Bindungen zwischen Kindern und ihren Bezugspersonen analysierten und vor allem die Qualität dieser Bindungsbeziehungen im Hinblick auf die gesamte Entwicklung eines Kindes beschrieben (vgl. Bowlby 1978, Ainsworth 1978, Laewen et al. 1990). In den ersten Tagen der Eingewöhnung bleiben die Eltern in der Krippe, sie spielen dort mit dem Kind, füttern und wickeln es. Aufgabe der Erzieherinnen während dieser Zeit ist es, die Eltern und Kinder zu beobachten, um ihre spezifischen Umgangsweisen kennenzulernen: *„So kann der Erzieher dem Kind langsam ähnliche und vertraute Verhaltensweisen anbieten“* (Mantovani & Musatti 1983a, S. 21). In diesem Zusammenhang geht es jedoch nicht um eine Imitation der Eltern. Vielmehr sollen die Erzieherinnen das Kind, seine Bedürfnisse und Reaktionen genauer beobachten, um angemessen auf sie eingehen zu können. Auch im Hinblick auf die Beziehung zu den Eltern ist diese Haltung außerordentlich wichtig. Nicht Konkurrenz oder Rivalität kennzeichnen die erste Kontaktaufnahme, sondern die Eltern werden in ihrem Umgang mit dem Kind akzeptiert und ernstgenommen. Nach den ersten gemeinsamen Tagen in der Krippe trennen sich dann die Eltern von dem Kind; zunächst für einige kurze Momente, die dann nach Absprache mit den Erzieherinnen und nach Beobachtungen über das Verhalten des Kindes allmählich verlängert werden. Besonderen Wert legt in diesem Zusammenhang Mantovani auf ein eindeutiges Abschiedsritual seitens der Eltern: Indem sie ihrem Kind klar vermitteln, dass sie nun fortgehen, aber bald wiederkommen – und sich nicht heimlich ‚wegschleichen‘ – ermöglichen sie dem Kind einen eindeutigeren Umgang mit der Trennung und die Gewissheit eines späteren Wiedersehens. Dies ist eine wichtige Information, die die Erzieherinnen den Eltern geben: Nur scheinbar wird durch ihr unbemerktes Weggehen – beispielsweise während einer intensiven Spielphase – dem Kind die Trennung erleichtert. Zwar reagiert es u. U. nicht sofort auf die Abwesenheit der Eltern, spätere und dramatische Reaktionen sind jedoch fast immer nach dem ‚Wegschleichen‘ zu beobachten und bewirken beim Kind eine große Unsicherheit im Hinblick auf die Verlässlichkeit von Eltern. (Zu den möglichen Formen der ersten Trennung und ihrer Bedeutung für die weitere Eingewöhnung vgl. auch Laewen et al. 2003.)

Um auf die neuen Kinder und Eltern während der Eingewöhnung in beschriebener Weise eingehen zu können, empfiehlt Mantovani die Aufnahme von höchstens zwei neuen Kindern pro Woche. Zudem sollen sich während der Anfangszeit insofern stabile Bindungen zwischen Kindern und Erzieherinnen entwickeln, als bestimmte Kinder einer Erzieherin fest zugeordnet werden und sie insbesondere in den Pflegesituationen wie dem Wickeln, Füttern und Schlafenlegen der Jüngsten kontinuierlich zusammenkommen. Die Eingewöhnung ist nach Mantovani dann abgeschlossen, wenn die Krippenkinder ihre Erzieherin in den Pflege- und Spielphasen akzeptieren, d. h. in den Interaktionen mit den Betreuerinnen aktiv sind und sich in eventuellen Konfliktmomenten von ihnen trösten lassen. In der Praxis geschieht dies zumeist nach zwei Wochen, und die Eingewöhnung kann als beendet angesehen werden.

Durch die in diesem Modell benannten Wege eines allmählichen Kennenlernens der Eltern, Kinder und Erzieherinnen und durch den Aufbau kontinuierlicher Beziehungen wird nach Mantovani der Grundstein für eine harmonische Entwicklung des Kindes in der Krippe gelegt. Sie definiert die ‚sanfte' Eingewöhnung als Voraussetzung für das Wohlbefinden des Kindes und das Gelingen einer vertrauensvollen Zusammenarbeit mit den Eltern. Bis zu diesem Punkt finden sich Übereinstimmungen zwischen ihrem Modell und der Praxis in Reggio. Ein Unterschied betrifft allerdings die Anzahl der aufgenommenen Kinder, denn bis 1988 wurden stets alle neuen Kinder gleichzeitig in die reggianischen Krippen mit folgender Begründung eingewöhnt: *„Wir haben uns*

bewusst für eine Aufnahme aller Kinder zur gleichen Zeit entschieden. Zwar ist dieser Anfang schwieriger und anstrengender, jedoch haben wir auf diese Weise sehr stabile Gruppen. Dies ist sowohl für die Kinder als auch für uns Erzieher wichtig. Außerdem wollen wir auf diese Weise erreichen, dass die Kinder von Anfang an zu mehreren Kollegen Kontakte und Beziehungen aufbauen können, um Fixierungen oder Symbiosen zu vermeiden" (Eluccia, Erzieherin, 1986).

In Bezug auf diese Entscheidung charakterisiert Susanna Mantovani die reggianische Praxis wie folgt: *„Das Modell in Reggio ging bis Mitte der 80er Jahre von einem eher kollektiven als individual-psychologischen Ansatz aus, d. h. Gruppen und Gruppenprozesse wurden besonders betont, wie auch in der Eingewöhnungsphase. (...). Meinen Beobachtungen zufolge finden allerdings in letzter Zeit in Reggio insofern Veränderungen statt, als sich die Arbeit dort zunehmend auf das einzelne Kind und seine Entwicklung konzentriert und auch eine neue Eingewöhnungsstruktur geplant wird*" (Diese Aussagen stammen aus einem Interview, das ich 1986 mit Frau Mantovani in Mailand durchführte.)

Seit einiger Zeit überlegen Praktiker in Reggio, die Art der Eingewöhnung zu verändern, damit nur einige wenige neue Kinder gleichzeitig aufgenommen werden können. Erfahrungen mit dem Berliner Eingewöhnungsmodell nach INFANS haben gezeigt, wie die Zusammenarbeit von Eltern und Erzieherinnenn, aber auch mit Jugendämtern und politisch Verantwortlichen zu einer Verbesserung der Krippenpraxis beiträgt. Nach Informationen über die Bedeutung der frühkindlichen Bindungen und hieraus abgeleiteten Formen einer ‚sanften' Eingewöhnung konnten in vielen Berliner Bezirken gestaffelte Aufnahmen neuer Kinder erreicht und kindgemäßere Eingewöhnungsformen realisiert werden (vgl. Laewen et al. 2003/1993). Bezüglich der Elternarbeit finden sich in diesem Modell eindeutige Parallelen zu den Erfahrungen der

Pädagogen in Reggio: Die Einbeziehung von Eltern während der Eingewöhnungszeit trägt in erheblichem Maße zu dem Aufbau einer stabilen und vertrauensvollen Beziehung zwischen den Familien und den Erzieherinnen bei. Die ‚gemeinschaftliche Aufgabe Erziehung' beginnt demzufolge in den ersten Begegnungen von Erwachsenen, wobei ausführliche Informationen und ein gegenseitiger Austausch entscheidend sind und die Grundlage für eine spätere kontinuierliche Zusammenarbeit darstellen.

Wie diese Kooperation konkret aussieht, sollen einige Beispiele aus Reggio erläutern.

Neue Formen der Elternarbeit

Nach zahlreichen Einzelgesprächen zwischen Eltern und Erzieherinnen und dem alltäglichen Austausch während der Eingewöhnungsphase findet nach zwei Wochen in der Krippe *G. Rodari* der erste gemeinsame Elternabend statt. Hierzulande weckt der Begriff ‚Elternabend' bei Erzieherinnen, Müttern und Vätern häufig gemischte Gefühle. Man trifft sich im Gruppenraum der Kinder, besetzt die kleinen Kinderstühle – und hat spätestens nach einer Stunde Rückenschmerzen –, spricht über Probleme oder festgelegte Themen wie ‚Sauberkeitserziehung', ‚Aggressivität in der Kindergruppe', oder der Ablauf des alljährlichen Sommerfestes (wer backt wann welchen Kuchen?) wird geplant. Auch wenn die Elternschaft aus verschiedenen Nationalitäten und Kulturen zusammengesetzt ist, wird ausschließlich deutsch gesprochen, wobei sich an den Gesprächen zumeist die gleichen Eltern beteiligen. Oder die Erzieherinnen leiten stringent durch ihre gewählten Themenbereiche, ganz im Sinne einer abendlichen Bildungsveranstaltung für Eltern. Kurzum: Elternabende werden von den meisten Beteiligten als anstrengende und eher lästige Pflicht empfunden. Nicht alle Elternabende laufen selbstverständlich nur auf diese Weise ab. Die Versuche, vieler Erzieherinnen, neue Formen der Elternarbeit zu entwickeln, sollen hier nicht geschmälert werden. Dennoch spiegeln die geschilderten Eindrücke die Erfahrungen vieler Eltern und Erzieherinnen aus den öffentlichen Kindereinrichtungen – vor allem der alten Bundesländer – wider.

Anders das erste Elterntreffen in Reggio: Ort der Veranstaltung ist die große Küche der Krippe und das Thema des Abends lautet „*Una cena insieme*" – Ein gemeinsames Abendessen. Diesem Motto entsprechend, ist die Atmosphäre entspannt und gelöst. Den Speiseplan und die Einkäufe haben die Erzieherinnen und Eltern gemeinsam abgesprochen, und die Köchinnen stellen die notwendigen Utensilien zur Verfügung. Bereits beim gemeinsamen Kochen wird geplaudert, getrunken und gescherzt, dies setzt sich beim Abendessen fort. Viele Themen werden diskutiert, nicht allein schwergewichtige pädagogische Fragen, sondern Dinge, die alle Anwesenden bewegen. Und natürlich geht es auch um die Kinder. ‚Neue' Eltern berichten über Schwierigkeiten während der ersten Krippentage ihres Kindes, die bereits ‚eingewöhnten' Familien bestätigen diese Erfahrungen und weisen auf mögliche Verbesserungen hin, die auch die Betreuerinnen bestätigen. Familiäre Probleme werden angesprochen wie die abendliche Unterbringung des Kindes und spontane Lösungsvorschläge, z. B. die gegenseitige Verabredung zum Baby-Sitten, entwickelt. Weit nach Mitternacht trennen sich alle Beteiligten gut gelaunt und voller Anregungen. Noch in den nächsten Tagen sprechen Eltern und Erzieherinnen über diesen gelungenen Abend und verabreden weitere Treffen. Von 1985 bis 1992 hatte ich Gelegenheit, einige dieser *incontri di sezione* mitzuerleben und meine Vorstellung über die klassische Form eines Elternabends grundsätzlich zu revidieren. Nicht allein das Temperament der Italiener oder ihre Freude am Gespräch sind m. E. Grundlage dieser lebhaften Veranstaltungen. Vielmehr werden Mütter und Väter in Reggio als Menschen angesehen, die zwar auch – aber eben nicht nur – Eltern sind, und ihre vielfältigen Interessen und Lebensformen werden auch in den Einrichtungen geachtet.

Die Beteiligung von Eltern an der Leitung der Kindereinrichtungen ist in Italien gesetzlich verankert, und in Reggio gelten sie als wichtige Entscheidungsträger für das gesamte Geschehen in den Krippen und Kindergärten. Die Zusammenarbeit zwischen Eltern und Institutionen ist im reggianischen Modell jedoch mehr als nur ein formaler Anspruch. Den Erzieherinnen und Beratern geht es vor allem um die Qualität der Beziehung zwischen Familien und Kindereinrichtungen, denn: *„Die Familie und die Krippe sind für das Kind zwei verschiedene Lebenswelten. Beide haben ihre spezifischen Kompetenzen. Um eine ganzheitliche und vollständige Entwicklung des Kindes zu ermöglichen, bedarf es der engen Zusammenarbeit beider Umwelten, des Zusammenfügens unserer Fähigkeiten“* (S. Cipolla, Erzieherin, 1990).

Diesem Ziel entsprechend, werden der intensive Austausch und Dialog zwischen Eltern und Erzieherinnen in Reggio besonders betont und in der Praxis durch folgende Angebote ermöglicht:

- Die **Treffen der Leitungsgremien** in den einzelnen Einrichtungen; von der Personalstruktur bis hin zur Gestaltung der pädagogischen Arbeit in den Krippen und Kindergärten werden hier gemeinsame Entscheidungen getroffen.
- Die **Elternabende** (*incontri di sezione*); auch wenn diese Treffen zum Teil bestimmte Themen behandeln (wie z. B. die Raumgestaltung oder die Entwicklung des kindlichen Spiels), werden die Eltern in die Entscheidung über diese Themen miteinbezogen. Zudem finden diese Treffen selten in Form ‚trockener‘ Vorträge statt: Filme, Fotos, Wandzeitungen und Berichte aus dem Alltag mit den Kindern gelten als wichtige Medien für eine umfassende Be-

arbeitung. Hinzu kommt, dass sich diese Treffen den Arbeitsrhythmen der Familien anpassen, um möglichst alle Eltern einzubeziehen, und bei nachmittäglichen Begegnungen wird häufig eine Kinderbetreuung in der Einrichtung angeboten.

- Die **Werkstätten für Eltern und Erzieherinnen**; ähnlich wie die Arbeit mit den Kindern stehen diese Angebote unter dem Motto „Lernen durch direktes Tun". Indem Eltern und Betreuerinnen selbst mit vielfältigen Materialien in den Ateliers unter Begleitung der Kunstpädagogen arbeiten, d. h. mit Pinsel und Farben, Ton oder Pappmaché eigene sinnliche Erfahrungen machen, wird ihnen ein unmittelbarer Zugang zu den Tätigkeiten ihrer Kinder möglich. Auf diese Weise teilen die Erwachsenen die Erlebnisse der Kinder, sie reden nicht ausschließlich über das Kind und seine Entwicklung, sondern machen ähnliche und zudem sehr vergnügliche Erfahrungen. Am Morgen nach den Werkstatt-Aktivitäten können dann auch Kinder die ausgestellten Werke ihrer Eltern bewundern.

- Die **Arbeit in Arbeitsgruppen**; in diesen Kommissionen werden sehr unterschiedliche Themen aufgegriffen und bearbeitet wie z. B. das Thema „Spielentwicklung bei Kindern" oder „Der Alltag von Alleinerziehenden". Zum ersten Themenbereich gehören die Beschäftigung mit theoretischen Konzepten sowie die Herstellung eigener Spielmaterialien, zu letzterem vor allem Überlegungen und Vorschläge, wie alleinerziehende Mütter oder Väter unterstützt werden können. Diese Arbeitgruppen leiten ihre Ergebnisse an die *consigli di circoscrizione* weiter, d. h. an Gremien, die auf Bezirksebene mit den Kommunalpolitikern zusammenarbeiten.

- **Feste und kulturelle Aktivitäten**; hier wird die Beteiligung von Kindern und Eltern an den örtlichen Fest- und Feiertagen diskutiert wie zum Beispiel bei der jährlichen *festa dell' unità*, dem Fest der kommunistischen Verbände und Partei, das mit seinen kulturellen und kulinarischen Angeboten in Reggio für jung und alt ein besonderes Ereignis darstellt, oder die Teilnahme von Kindern und Erziehern an der herbstlichen Weinernte. Außerdem werden Reisen mit Kindergruppen, Theaterbesuche, Ausflüge und Stadtteilfeste geplant.
- **Besuchstage für Verwandte**; in jeder einzelnen Kindereinrichtung gibt es regelmäßige Großelterntage, an denen Großmütter und -väter ihre Enkel besuchen können, mit ihnen spielen, reden und speisen. Diese Tage sind bei den Kindern besonders beliebt, kann doch „niemand so schöne Geschichten erzählen, wie die *nonna* (Oma) und keiner hier mit uns so tolle Angeln bauen, wie der *nonno* (Opa)!" (Dies berichtete mir der fünfjährige Luca nach einem Großelterntag im Kindergarten *Diana*, Reggio Emilia 1990.) Der Begegnung und dem Austausch zwischen verschiedenen Generationen wird in Reggio eine außerordentlich wichtige soziale und kulturelle Bedeutung zugesprochen.

Diese Formen der Elternbeteiligung zeigen, dass Mütter und Väter in Reggio über ihre Elternrolle hinaus als Menschen mit verschiedenen Gewohnheiten, Interessen und Fähigkeiten gelten. Sie werden demzufolge nicht allein auf ihre Erziehungsaufgaben gegenüber dem Kind reduziert, sondern die Gesamtheit ihrer Lebenssituationen wird anerkannt und zur Orientierung für die Formen der öffentlichen Erziehung. Erzieherinnen und Fachberater weisen immer wieder darauf hin, *„dass es ‚die' Eltern nicht gibt. Alle Familien haben unterschiedliche Bedürfnisse, Fragen und Interessen. Diese wollen und müssen wir kennenlernen, um sie in unsere Pädagogik einzubeziehen"* (Spaggiari 1983, S. 105).

Bei den vielfältigen Erhebungen zu den Lebensbedingungen der Familien und durch zahlreiche Begegnungsformen im Alltag der Kindereinrichtungen geht es demnach um die Erfassung der aktuellen Fragen und Interessen von Eltern. Wichtig ist, dass die Initiativen zu einem Austausch mit den Eltern in Reggio von den Einrichtungen ausgehen, denn: *„Nur wenn wir uns öffnen, öffnen sich auch die Familien“* (E. Reverberi, Erzieherin, 1986). Vielfältige Broschüren, Wandtafeln und Gesprächskreise werden in den reggianischen Einrichtungen als Mittel einer guten Öffentlichkeitsarbeit angeboten. Durch diese umfassenden Informationen über das Leben der Kinder in den Krippen und Kindergärten können Eltern nicht zuletzt auch ihre Hemmungen oder Ängste ablegen, die sie möglicherweise im Hinblick auf eine außerfamiliale Betreuung ihres Kindes empfinden.

Gerade die Transparenz und Offenheit der reggianischen Einrichtungen stehen im krassen Gegensatz zu dem Charakter geschlossener Institutionen, den hierzulande Krippen und Kindergärten häufig annehmen. Beim ersten Besuch in der neuen Lebenswelt ihrer Kinder werden Eltern oftmals mit standardisierten Anmeldungsverfahren konfrontiert oder Kita-Leiter führen sie in die jeweilige ‚Hausordnung‘ ein. Darüber hinaus geben spärliche Informationen kaum einen Einblick in den pädagogischen Alltag und so hinterlassen diese Aufnahmeprozeduren den Eindruck, man müsse sich mit den Regeln der Einrichtung abfinden. Tatsächlich gibt es für Eltern so gut wie keine Einflussmöglichkeiten auf den Tagesablauf, und ihre Mitbestimmung bei den pädagogischen Inhalten ist außerordentlich gering. Spontane Besuche in den Einrichtungen oder die Teilnahme an Projekten seitens der Eltern sind zum größten Teil davon abhängig, inwiefern sich die einzelnen Erzieherinnen gegenüber den Familien öffnen. So distanzieren sich viele Eltern von der Arbeit in den Kitas. Zu dem Gefühl der ‚Nicht-Zuständigkeit‘ kommen teilweise auch Unsicherheiten gegenüber den Erzieherinnen hinzu, deren Erziehungsziele den Eltern entweder unbekannt sind oder nicht ihre Zustimmung finden.

An die Stelle von Forderungen an die Eltern oder die Spekulationen über ihr privates Leben sollten Erzieherinnen genauere Kenntnisse über die wirklichen Lebensbedingungen der Familien setzen. Dies ist gerade in den neuen Bundesländern wichtig, da dort Probleme wie Arbeitslosigkeit, unsichere Zukunftsperspektiven und die Abwicklung vieler Krippen und Kindergärten große Unsicherheiten innerhalb der Familien bewirken. Zudem waren viele Eltern vor der Wende wenig zuständig für ihre Kinder. Ihre Erfahrungen aus den Zeiten, in denen in den Einrichtungen das Betreten des Gruppenraumes verboten war, bedürfen auf der einen Seite einer Diskussion über das ‚Früher' und ‚Heute' der Kindererziehung. Auf der anderen Seite brauchen sie, wie auch die Eltern der alten Bundesländer, bei ihrem Weg zu einer stärkeren Beteiligung die Unterstützung der Erzieherinnen, die sich unter folgenden Aspekten zusammenfassen lässt:

- Der **Öffentlichkeitsarbeit** der Einrichtungen müsste eine große Aufmerksamkeit zukommen. Informationsbroschüren, Eingangsgespräche, die Beteiligung der Eltern bei der Eingewöhnung der Kinder sowie am pädagogischen Alltag sind wichtige Momente für die Zusammenarbeit zwischen Eltern und Erzieherinnen. Hier kann die Konzeption der Kindereinrichtungen aus Reggio als *modello aperto* (offenes Modell) einige Anregungen geben.
- **Kenntnisse über die tatsächlichen Lebensbedingungen der Eltern** sind ebenso notwendig wie die Diskussion darüber, warum sich die Eltern für eine außerfamiliale Betreuung ihres Kindes entschieden haben.
- Die Frage **„Was wollen wir für die Kinder"** sollte zwischen Eltern und Erzieherinnen thematisiert werden, um sich über die jeweiligen Erziehungsziele auszutauschen

und Vorschläge zu ihrer Umsetzung gemeinsam zu entwickeln.

- Elternabende sollten keine ‚Bildungsveranstaltungen' sein, sondern in Form und Inhalt die **Interessen und Bedürfnisse der Familien** einbeziehen.
- **Eltern sind kompetente Partner** bei der Erziehung ihres Kindes, darum sollte nicht der kritische Blick von Erzieherinnen auf ihre vermeintlichen Mängel im Vordergrund stehen, sondern vielmehr die Anerkennung ihrer Vorstellungen mit dem Ziel, sich über diese Interessen gemeinsam auszutauschen.

- Eine **Verständigung über die eigentliche Rolle einer Erzieherin gegenüber der von Eltern** sollte stattfinden, denn häufig vermischen sich in der Praxis Ansprüche von Betreuerinnen und Eltern, so dass Konkurrenz oder Rivalität den Umgang mit dem Kind bestimmen. Damit Eltern und Erzieherinnen nicht als Gegner handeln, sondern zu Bündnispartnern bei der Kindererziehung werden, ist eine eindeutige Beschreibung ihrer jeweiligen Ziele und Aufgaben wichtig.

„Ich ersetze die Eltern nicht. Ich bin ihr Partner bei der Erziehung des Kindes. Meine Rolle und meine Erwartungen dem Kind gegenüber sind andere als die der Eltern. Einmal habe ich mehr Distanz zum einzelnen Kind als Mütter oder Väter, zum anderen arbeite ich mit einer Gruppe von Kindern. (...) Der Austausch zwischen mir und den Eltern ist jedoch unverzichtbar, damit wir nicht gegeneinander, sondern miteinander handeln können" (Renza, Erzieherin, 1986).

An dieser Stelle sei ausdrücklich betont, dass die Klippen in der Zusammenarbeit zwischen Erzieherinnen und Eltern nicht allein auf vermeintliche Defizite bei den Erzieherinnen zurückzuführen sind und keinerlei Schuldzuweisung erfolgen soll. Für den Erfolg oder das Mißlingen der Elternarbeit ist nämlich folgender Aspekt wichtig: Erzieherinnen müssen in ihrer Praxis ständig etwas tun, worauf sie in ihrer Ausbildung überhaupt nicht vorbereitet werden. Gemeint ist hier der Bereich der Erwachsenenbildung, der sowohl ihre Arbeit mit den Eltern als auch mit den Kollegen betrifft. Hier liegt ein deutliches Defizit der Fachschulen, die weder die Grundlagen noch die Formen der Kommunikation zwischen erwachsenen Menschen vermitteln. Dieser Mangel an Konzepten zur Erwachsenbildung verdeutlicht, dass die Ausbildungen noch immer auf das Handeln ‚am Kind' konzentriert werden und verkennen, dass erhebliche Unterschiede zwischen der Arbeit mit Kindern und der Interaktion zwischen Erwachsenen bestehen. Veränderungen innerhalb der Ausbildung oder Fortbildungen nach dem Motto „wie sag ich's meinen Eltern und Kollegen?" sind in dieser Hinsicht unerlässlich, denn das Gelingen eines Dialoges und Austausches zwischen den Erwachsenen ist nicht zuletzt auch ein Modell solidarischen Handelns für die Kinder.

Ein Beispiel aus Reggio soll nun verdeutlichen, dass die Zusammenarbeit von Erwachsenen auch Wirkung auf die sozialen Verhaltensweisen von Kindern hat. Hier geht es nochmals um die Zeit der Eingewöhnung, die in Reggio nicht nur für die Krippenkinder, sondern auch für die neuaufgenommenen Dreijährigen als wichtig erachtet wird. Folglich sind auch die Eltern der Kindergartenkinder in die Eingewöhnungsphase einbezogen. Die fünfjährigen Kinder der *scuola dell' infanzia 8. Marzo* (Achter März) hatten beobachtet, wie sich die Erzieherinnen auf die Eingewöhnung vorbereiteten und wie die neuen Eltern und Kinder ankamen. Sie entwickelten die Idee, ihren Kindergarten den ‚Neuen' selbst vorzustellen, um ihnen wichtige Ratschläge und Hinweise zu geben. Zu diesem Zweck erstellten sie mit ihren Erzieherinnen eine kleine Broschüre für die Dreijährigen, aus der hier einige Auszüge präsentiert werden.

„*Wir sind die Großen und kommen in diesem Jahr in die Schule. Wir sind intelligent, weil wir schöne Dinge machen können. Wir sind klug, schön und freundlich. Unser Kindergarten heisst 8. März, weil er am 8. März gemacht wurde. Du kannst dorthin mit dem Auto, dem Fahrrad, zu Fuß, mit dem Bus oder mit der Vespa kommen – wenn du eine hast! Deine Erzieherinnen heißen Betty und Raffi, sie sind gute Erzieherinnen, und sie haben Ohrringe. Im Kindergarten kannst du viel spielen und lernen, weil dort schöne Sachen sind. Im Atelier wird gearbeitet. Dort gibt es viele Sachen: Tische, Leinwände, Ton, Farben, Pferdchen, Federchen, Klebe und einen Drachen. Im Gruppenraum gibt es ein Häuschen, wo man drinnen Koch-Spiele machen kann, weil dort Teller sind. Im Kindergarten darf man aber nicht schreien und rumrennen und die anderen beim Arbeiten stören. Man kann mit den Freunden spielen, aber darf nur mit unechten Pistolen schießen. Ihr braucht nicht zu weinen, wenn die Mütter und Väter weggehen. Wenn sie Geld verdient haben, holen sie euch am Nachmittag wieder ab. Macht euch keine Sorgen und seid glücklich und denkt nicht soviel nach und denkt ans Spielen*" (vgl. Scuola dell'infanzia „8. Marzo" 1990).

6.5 Das Ich und das Wir: Die Entwicklung von Kindern in Gruppen

„Alle Kinder werden allein geboren, aber stets miteinander groß.“ (Bloch 1980, S.1129)

Die Möglichkeiten für Kinder, miteinander aufzuwachsen, werden zunehmend geringer. Gerade in den vom Geburtenrückgang betroffenen westeuropäischen Ländern ist die Kindheit in den letzten Jahren erheblichen Veränderungen unterworfen. Immer weniger Kinder leben hier in einer Welt von Erwachsenen, denn die Zahl der Familien mit nur einem Kind steigt, und innerhalb des Familienverbundes gibt es kaum noch Begegnungsmöglichkeiten zwischen Kindern. Dies hat für das Aufwachsen der Kinder maßgebliche Folgen: *„Die Art der kindlichen Sozialisation vollzieht sich heute unter immer stärkerer Kontrolle von Erwachsenen, in einer Situation der Obhut, in welcher der Erwachsene alles überwacht, für alles sorgt, sich um alles kümmert. Die Integration des Kindes erfolgt also durch Identifikationen, die nicht durch die häusliche Gruppe der Geschwister bestimmt werden, sondern in der unmittelbaren Konfrontation mit dem Erwachsenen, in ganz offenkundigen Beziehungen, die stark mit pädagogischen Absichten vermischt sind“* (Becchi 1985, S. 1).

Kinder machen demnach ihre Erfahrungen zunehmend durch die Vermittlung von Erwachsenen. Ihre Kontakte mit der Realität werden vorbereitet, strukturiert, gelenkt und nach ihrem pädagogischen Wert beurteilt. Gleichzeitig werden Kinder immer mehr von der Welt der Großen isoliert und die Kindheit als Zielgruppe von Mode, Spielzeugindustrie und zahlreichen Erziehungskonzepten aus der Wirklichkeit ausgegrenzt. Immer weniger Kinder in einer Familie bedeutet zudem im Hinblick auf die Eltern, dass sie für ihr einziges Kind in besonderem Maße ‚alles richtig‘ machen wollen.

Mit der zumeist bewussten Entscheidung eines Paares für nur ein Kind verbinden sich nach der Gebrurt hohe Erwartungen an die Entwicklung des Kindes, *„das mehr als früher (...) materiell häufig überverwöhnt wird und zur Projektionsfläche für eigene Wünsche herhalten muss"* (Baacke & Fracasso 1992, S. 117). Von dieser Haltung gegenüber Kindern und den steigenden Ansprüchen an ihr Heranwachsen profitiert nicht zuletzt der aktuelle Buchmarkt mit seinen unzähligen Elternratgebern.

Fast 50 Prozent aller Kinder in Europa wachsen bereits als Einzelkinder auf. Damit sie überhaupt Kontakte zu anderen Kindern finden, müssen ihre Eltern diese Begegnungen organisieren. Hier zeigt sich, dass der öffentlichen Erziehung über eine rein betreuende Funktion hinaus auch eine wichtige soziale Bedeutung zukommt: Krippen und Kindergärten sind oftmals die einzigen Orte, an denen Kinder sich treffen und miteinander leben und lernen können. Auch aufgrund dieser Situation wachsen in vielen europäischen Ländern die Anfragen nach Betreuungsplätzen für Kinder vor der Schule. In welchem Maße vorschulische Institutionen im Hinblick auf die gesellschaftliche Entwicklung in Italien zu einem wichtigen Ort für das Zusammenleben von Kindern werden, soll hier ein Blick auf die reggianischen Einrichtungen, insbesonders auf die Krippen, verdeutlichen.

Ansätze zur Gruppenarbeit mit Kindern

„Ein Ich kann nur dort entstehen, wo ein sozialer Prozess stattfindet, in dem das Ich – gegenüber einem Du – seine Veranlassung findet."
(Mead 1969, S. 83)

Auffallend bei Besuchen in den reggianischen Krippen ist die im Vergleich zu den hiesigen Einrichtungen hohe Anzahl von Kindern: 12 bis 25 Kinder in altershomogenen Gruppen sind dort die Regel. Diese Form des Zusammenlebens wird in Reggio als Chance für die Kinder benannt, bereits frühzeitig *„die Werte von Kooperation und Gruppenarbeit“* kennenzulernen sowie *„Solidarität in den Beziehungen und den Dialog mit Gleichaltrigen und Erwachsenen“* (Comune di Reggio Emilia 1983, S. 38). Auch die Antworten von Erzieherinnen auf die Frage, was denn Kinder in Gruppen lernen, gehen in eine ähnliche Richtung, wenngleich konkreter auf das Alter der Krippenkinder bezogen: *„Sie lernen soziales Verhalten im weitesten Sinne. Dazu gehört: zusammen Spaß haben, sich ohne Worte verstehen können, teilen und tauschen lernen, Konflikte mit anderen Kindern erfahren und diese zu lösen beginnen, das Gefühl zu entwickeln, Teil einer ganzen Gruppe zu sein“* (Eluccia, Erzieherin, 1986).

Dass häufige Kontakte zwischen Kindern die Entwicklung ihres sozialen Verhaltens begünstigen, ist für die Altersstufe der Drei- bis Sechsjährigen allgemein anerkannt und durch viele Untersuchungen aus Kindergärten hinreichend belegt. Im Hinblick auf eine Gruppenbetreuung von Kindern vor dem dritten Lebensjahr ist diese eindeutig positive Bewertung allerdings nicht überall anzutreffen. Wegen ihrer spezifischen Bedürfnisse gelten Kleinstkinder als besonders zuwendungsbedürftig. Im Alltag einer Gruppenbetreuung stellt dies ein Problem dar, weil häufig nur eine Erzieherin für acht bis zehn Kleinstkinder verantwortlich ist und dadurch ein individuelles Eingehen auf das einzelne Kind schwierig wird. Aus diesem Grund entscheiden sich Praktiker hierzulande oft für eine altersgemischte Gruppenform, da die unterschiedlichen Bedürfnisse und Entwicklungsstufen der Kinder eine Differenzierung ihrer Arbeit eher ermöglichen. Allerdings berich-

ten gerade Erzieherinnen immer wieder, dass auch die Jüngsten von Kontakten mit anderen Kindern profitieren und sie ‚brauchen'. Hier decken sich die Beobachtungen von Praktikern mit neuen Forschungsergebnissen, die belegen, dass Kinder bereits im ersten Lebensjahr über interaktive Kompetenzen verfügen und vielfältige sozialausgerichtete Verhaltensweisen entwickeln. Auch in Reggio haben sich Erzieherinnen und Berater mit diesen Untersuchungen beschäftigt, deshalb sollen hier einige Ergebnisse vorgestellt werden.

Untersuchungen zur Interaktion zwischen Kleinstkindern

Die seit Mitte der 70er Jahre durchgeführten Studien zur Interaktion zwischen Kleinstkindern belegen eine grundsätzliche Neubewertung des kindlichen Sozialverhaltens. Anders als psychoanalytische Theorien wie beispielsweise von A. Freud oder auch entwicklungspsychologische Ansätze wie von J. Piaget – beide Autoren beschreiben junge Kinder als ‚nicht gruppenfähig' (vgl. Freud 1971; Piaget 1981) – verweisen neuere Untersuchungen auf die frühen sozialen Kompetenzen von Kindern (vgl. Mueller/Vandell 1978). Beispielsweise sind Kinder gegenüber Erwachsenen beliebtere Interaktionspartner: Wenn Kinder zwischen einem Kontakt mit Erwachsenen oder mit anderen Kindern wählen können, verbringen sie die meiste Zeit mit Kindern. Zudem zeigen sie in den Interaktionen mit ‚peers' im Vergleich zum Umgang mit Erwachsenen mehr positive Affekte (vgl. Lewis/Rosenblum 1975; Rubenstein/Howes 1979). Auch die Qualität dieser Kontakte ist unterschiedlich. Finden zwischen Kindern und Erwachsenen in erster Linie verbale Interaktionssequenzen statt, so handeln Krippenkinder eher non-verbal durch Angebots-, Tausch- und Imitationssequenzen, die allerdings als Grundformen des sozialen Verhaltens angesehen werden können. Gleichzeitig verstärkt die Anwesenheit anderer Kinder das explorative Tun eines Kleinstkindes: „*Das Niveau des Spiels und der explorative Umgang mit Objekten war in Krippengruppen höher als bei Kindern, die ausschließlich zu Hause betreut werden*“ (Rubenstein & Howes 1981, S. 211).

Einige Untersuchungen weisen darauf hin, dass Krippenkinder mehr Zeit mit positiven sozialen Interaktionen verbringen, eher Kontakte zu unbekannten Personen aufnehmen und unabhängiger von erwachsenen Bezugspersonen handeln als rein familienerzogene Kinder (vgl. Mueller/Vandell 1979). Allerdings wird in diesem Zusammenhang betont, dass die personellen und materiellen Bedingungen in den Krippen einen entscheidenden Einfluss auf die Kinder haben: Zu große Gruppen, zu wenige Erzieherinnen und zu lange Aufenthaltszeiten erschweren sowohl die Entwicklung des einzelnen Kindes als auch den Erwerb sozialer Verhaltensweisen. Auch das parallele Spiel, bei Kindern im ersten Lebensjahr häufig zu beobachten, findet in jüngerer Zeit eine Neubewertung: „*Gleiches oder Ähnliches zu tun, dient außer dem Kompetenzerwerb (...) dem Mitfühlen und Miterleben, während das Austausch-Spielen (Ich-Du, Geben-Nehmen) mit rhythmischem Abwechseln der Rollen (...) vorsprachlichen Dialogen ähnelt*“ (Rauh 1982, S. 192).

Frühe Gruppenerfahrungen, also bereits im Krippenalter, begünstigen demnach die Entwicklung sozialer Verhaltensweisen – so lautet zumindest die Theorie. Dass jedoch auch im Alltag Kinder von der Anwesenheit anderer ‚peers‘ profitieren können, zeigen Beispiele aus den Krippen in Reggio.

Angebote zur individuellen und sozialen Entwicklung

Wir besuchen die Gruppe der *Medi* in der Krippe *G. Rodari*. 22 Kinder im Alter von 18 bis 24 Monaten treffen wir im Gruppenraum mit zwei Erzieherinnen, und es drängt sich die Frage auf, wie der Anspruch zu verwirklichen ist, „*vom einzelnen Kind auszugehen, seinen Bedürfnissen und Interessen zu folgen*“ (Comune di Reggio Emilia 1983, S. 38). Zudem erwartet man bei 22 Kindern dieser Altersstufe Störungen oder Konflikte. Dass diese Erwartungen nicht erfüllt werden, die Lautstärke im Gruppenraum beispielsweise eher gering ist, die Kinder konzentriert beschäftigt sind und vielfältigen Aktivitäten nachgehen, ist gewiß auf die interessanten Materialangebote und die Struktur des Raumes als ‚dritter Erzieher‘ zurückzuführen. Doch zeigen auch Beobachtungen eines Tagesablaufes, dass das Zusammensein der Kinder und ihre Interaktionsprozesse nicht allein dem Zufall überlassen werden. „*Die Krippe ist gekennzeichnet von einer großen gemeinschaftlichen Wirklichkeit, denn alles gehört allen. Im Negativen heisst dies: Nie kann ein Kind ‚mein‘ sagen, nie hat es ruhige Momente für sich allein. Damit die Erfahrungswelt Gruppe für das Kind eine positive wird, müssen wir Erzieher den Kindern verschiedene Einzel- und Gruppenaktivitäten anbieten, damit sie sowohl sich selbst als auch die Gemeinschaft erleben können*“ (E. Reverberi, Erzieherin, 1986).

Für die Erzieherinnen in Reggio ist das Zusammenleben junger Kinder in Gruppen besonders wertvoll, wenn die Kleinsten individuelle aber auch gemeinschaftliche Erfahrungen machen können. Demzufolge bieten sie während des Tages verschiedene Aktivitäten für einzelne Kinder, für Kleingruppen oder alle Kinder einer *sezione* an. Beispielsweise erkundet ein Kind vor dem Mittagessen im Atelier allein mit der Erzieherin neue Materialien, derweil hält sich eine Kleingruppe in der Küche auf, um beim Kochen zu helfen, und anschließend an das gemeinsame Essen besucht die gesamte Gruppe den nahegelegegen Kindergarten. Auch wenn die Kinder während des Krippentages zumeist zwischen freien und autonomen Spieltätigkeiten wählen können, gibt es einige Momente während des Tages, in denen die gesamte Gruppe zusammenkommt. Ein Beispiel dafür ist die morgentliche Begrüßung beim sogenannten *appello*. Nachdem sich alle Kinder in einer gemütlichen Ecke des Raumes eingefunden haben, verteilen sie ihre jeweiligen ‚Zeichen'. Dies sind kleine Fotos von den Lieblingsgegenständen der einzelnen Kinder, wie der Teddy von Luca, die neue Brille von Antonia oder der Nuckel von Marco. Nachdem die Erzieherin das jeweilige Foto gezeigt hat, ist es Aufgabe der Kinder, den Besitzer ausfindig zu machen und ihm sein Zeichen zu bringen. Die Jüngsten tun dies ohne Worte und krabbeln zu dem betreffenden Kind, die Älteren kommentieren die Bilder und erzählen kleine Geschichten.

Diese Art der Begrüßung hat zum Ziel, individuelle und soziale Lernschritte zu verbinden, und sie bietet tatsächlich eine Reihe von Erfahrungsmöglichkeiten für die Kinder: Sie lernen, welche Kinder zu ihrer Gruppe gehören, sie erkennen ihre eigenen Vorlieben und die Gewohnheiten der anderen Kinder und sie sprechen darüber, welches Kind an diesem Tag fehlt und warum es nicht da ist. Diese Wertschätzung gegenüber anderen Kindern gibt auch dem einzelnen Kind das Gefühl, wichtig zu sein und bei Abwesenheit nicht ‚vergessen' zu werden. Zudem werden durch den *appello* zwischen dem Abbild oder Zeichen des Anderen und seiner konkreten Person eine Verbindung hergestellt und das Verteilen der Zeichen macht allen viel Spaß. Kurzum: eine Menge instrumenteller und sozialer Lernmöglichkeiten sind in diesem Spiel enthalten. Nach dieser Begrüßung wenden sich dann die Kinder ihren eigenen Aktivitäten zu. Auch hier wird deutlich, dass nicht alle das Gleiche tun, sondern ihren individuellen Interessen nachgehen. Dies ermöglichen die unterschiedlichen Materialien sowie die Aufteilung der Kinder in Kleingruppen während der jeweiligen Projektphasen.

Die Erzieherinnen sprechen den Tagesablauf zuvor mit Kollegen und Fachberatern ab. In ihren Team-Sitzungen nimmt die Frage, wie im Rahmen einer kollektiven Erziehung auch das einzelne Kind angemessen begleitet werden kann, breiten Raum ein. Die Ergebnisse ihrer Auseinandersetzung mit diesem Thema haben die Betreuerinnen auf folgende Weise in die Praxis umgesetzt:

- Eine besondere Bedeutung kommt den **Beobachtungen der einzelnen Kinder** zu. In den internen Fortbildungen werden die Erzieherinnen mit verschiedenen Formen der Beobachtung vertraut gemacht. So begleiten sie mit Notizheft, Kamera oder Kassettenrekorder aufmerksam die einzelnen Kinder, um ihre Interessen kennenzulernen und durch neue Angebote zu erweitern. Ihre Beobachtungen werten sie im Rahmen der Team-Besprechungen aus, zudem vermitteln ihnen die Fachberater auch theoretische Erkenntnisse über die Formen der kindlichen Entwicklung, wie z. B. die Kind-Kind-Interaktionen. Auf diese Weise können sie die beobachteten Phänomene aus ihrer Praxis mit theoretischem Wissen über die Lernschritte von Kindern verbinden. Ihre Beobachtungen fließen ein in verschiedene Dokumentationen, die Kollegen, Eltern und Besuchern ausführliche Einblicke in ihre Praxis geben. Themen dieser Dokumentationen sind z. B. „Das Spiel in der Krippe", „Der Schlaf in der Krippe" oder „Der kleine Fisch".
- In allen Einrichtungen sind **Schubfächer und Regale für die einzelnen Kinder** vorhanden, in denen sie ihre persönlichen Schätze aufbewahren können. Hier finden sich die wichtigen Übergangsobjekte, d. h. Gegenstände aus ihrem Familienleben oder kleine Geschenke von Freunden. Zu-

dem können die Kinder auch Spielzeuge aus den Einrichtungen mit nach Hause nehmen und sie am nächsten Tag zurückbringen. Geachtet wird seitens der Erzieherinnen darauf, dass diese Orte wirklich ‚privat' sind. Jedes Kind und jeder Erwachsene muss den Eigentümer fragen, wenn er seine Schätze sehen möchte. Die reggianischen Betreuerinnen sind der Auffassung: *„Wenn ein Kind nicht ‚ich' und ‚mein' sagen kann, wie soll es dann ‚du' und ‚unser' sagen?"* (E. Reverberi, Erzieherin, 1986). Die Kinder akzeptieren diese Regel und weisen darauf hin, *„dass man in den Schachteln der anderen nicht einfach herumstöbern darf"* (vgl. Scuola dell'infanzia „8. Marzo" 1990).

- Die Erzieherinnen machen **Angebote für die jüngsten und die ältesten Kinder** ihrer Gruppe und regen auch zum Kontakt mit den anderen Gruppen und ihren jeweiligen Altersstufen an. In den Interaktionen von Kindern mit unterschiedlichen Entwicklungsphasen sehen sie wichtige soziale Lernmöglichkeiten. Allerdings ist in diesem Zusammenhang die Struktur der Altersmischung in Reggio (noch) kein Thema. Begründet wird die Entscheidung für altershomogene Gruppen damit, dass die nach Altersstufen spezifizierten Raumangebote die Kinder am ehesten stimulieren können.
- Weil nach Ansicht der reggianischen Erzieherinnen kein Kind wie das andere ist, gibt es auch keine gleichen Beschäftigungen für alle. Ein **flexibler Tagesablauf** ermöglicht sowohl autonom gewählte als auch gemeinschaftliche Tätigkeiten. Hier bietet auch die Raumstruktur verschiedene Kontaktmöglichkeiten an: Auf der *piazza* können sich alle Kinder der Krippe treffen, in ihrem jeweiligen Gruppenraum kommt die *sezione* (Gruppe) zusammen und innerhalb der einzelnen Räume gibt es zahlreiche **Ruhe- und Rückzugsbereiche** für Einzel- und Kleingruppenaktivitäten. Durch zusätzliche Betreuerinnen während der Fütter-

und Wickelzeiten der Jüngsten wird zudem ein persönliches Eingehen auf die einzelnen Kinder ermöglicht.

- Die Erzieherinnen führen für alle Kinder **Tagebücher**. Dort halten sie mittels verschiedener Fotos und Beschreibungen wichtige Ereignisse aus dem Krippenleben fest, beispielsweise die ersten Tage der Eingewöhnung oder den ersten Ausflug in die Umgebung. Auch die Werke der Jüngsten werden in den *diari* gesammelt. Das Leben des Kindes zu dokumentieren, ist für die Erzieherinnen in mehrfacher Hinsicht wichtig: Sie selbst lernen das einzelne Kind durch ihre Beobachtungen genauer kennen, die Eltern sehen, wie sich ihr Kind in der Krippe entwickelt, und das Kind erfährt eine Wertschätzung seiner Person und seiner Erfahrungen. Diese Tagebücher werden in den Kindergärten fortgesetzt, und die Zeit vor der Schule wird somit für die Kinder zu einem dokumentierten Bestandteil ihrer ganz persönlichen Geschichte. Welcher Erwachsene hätte nicht gern auch einen solchen Schatz aus seiner Kindheit?
- Bei allen Spielangeboten und Aktivitäten wird darüber nachgedacht, in welcher Weise sie sowohl **soziale als auch individuelle Erfahrungen** für die Kinder anbieten können. Werden beispielsweise neue Spiegel angebracht, kommen stets Fotos der einzelnen Kinder zu den Spiegelflächen hinzu. Oder nach einer ausführlichen Beschäftigung der Kinder mit dem eigenen Aussehen („wie sehe ich aus, wenn ich traurig bin, wenn ich wütend oder glücklich bin, wie sehe ich von hinten aus?“), werden danach Gruppenbetrachtungen und Vergleiche angeregt („wie sieht Leonardo aus, wie Francesca und wie Piero?“).
- Die **Verantwortung für den Gruppenraum und seine Materialien** wird auf die Kinder mitübertragen. Das Auf- und Einräumen der Spielsachen am Ende eines Krippentages geschieht stets gemeinsam. Besucher aus bundesdeutschen Einrichtungen sind immer wieder über die Ordnung der reggianischen Räume erstaunt, erfahren sie doch in der

eigenen Praxis, wie schwierig es ist, mit kleinen Kindern aufzuräumen. In diesem Zusammenhang betonen die Erzieherinnen in Reggio, dass ein gut strukturierter und überschaubarer Gruppenraum für die Kinder wichtig ist. Er ermöglicht ihnen eine Orientierung bei der Auswahl der verschiedenen Materialien. Ihren Erfahrungen zufolge ist ein unordentlicher und chaotischer Gruppenraum wenig anregend für die Kinder und so zielt ihre Aufmerksamkeit auf einen ‚ordentlichen' Umgang mit den Spielsachen, so dass die Kinder aus sich selbst heraus einen Ordnungssinn entwickeln. Ihnen geht es darum, an die Stelle einer strengen Disziplinierung von außen die Entwicklung von Selbstdisziplin bei den Kindern zu setzen: Indem die Jüngsten einen Sinn im Aufräumen erkennen lernen, übernehmen auch sie eine Form von Verantwortlichkeit. In den Kindergärten gibt es ebenfalls verschiedene Bereiche, in denen Kinder die Verantwortung für andere tragen, wie z. B. das Tischdecken, das Bedienen der anderen beim Mittagessen und das Bettenmachen für die Siesta.

- Auch wenn in ihren Gruppen stets viele Kinder anwesend sind, achten die Erzieherinnen darauf, dass dem einzelnen Kind und seinen Bedürfnissen möglichst viel Raum gegeben wird. Für die Erzieherinnen hat **jedes Kind ein Recht auf seine eigenen Gefühle und Stimmungen**. Wenn zum Beispiel ein Kind bekümmert ist oder weint, wollen sie dies nicht im Hinblick auf ein ‚gutes Gruppenklima' überspielen und das Kind ablenken, sondern die Ursache für eventuelle Mißstimmungen erkennen. Zu diesem Zweck ziehen sie sich mit dem Kind in eine ruhige Ecke des Gruppenraumes zurück, um ihm durch einfühlsame Zweiergespräche oder Körperkontakt ihre Zuwendung und Aufmerksamkeit zu geben. Dieses persönliche Eingehen ist nach Ansicht der Erzieherinnen deshalb wichtig, weil im Rahmen der kollektiven Erziehung aufgrund der Vielzahl von kleinen Individuen die Einzigartigkeit der Kinder dann untergeht, wenn der Weg zum ‚Wir' nicht die Achtung und Anerkennung des ‚Ichs' eines Kindes berücksichtigt.

Wie sehr Kinder diese individuelle Zuwendung zur Entwicklung ihrer eigenen Identität brauchen, zeigt u. a. ein Beispiel aus der Eingewöhnung im Kindergarten *Diana*. Nachdem die neuen Dreijährigen ihre ersten Tage dort gemeinsam verbracht hatten, also zusammen gespielt, gegessen und geschlafen hatten, kam der Moment des ersten Abschiedes von den Eltern. Viele Kinder begannen zu weinen, und ein dreijähriges Mädchen, beeindruckt von den kollektiven Erfahrungen im Kindergarten, fragte augenscheinlich irritiert: „Muss ich jetzt auch weinen?" (vgl. V. Vecchi, Künstlerin, 1992).

Zusammenfassend lässt sich feststellen, dass das Zusammenleben der Kinder in den reggianischen Einrichtungen nicht allein dem Zufall überlassen wird. Die Qualität von Gruppenerfahrungen sehen die Erzieherinnen eng verbunden mit ihrer Strukturierung, die individuelle und auch soziale Lernerfahrungen ermöglicht. Die Achtung gegenüber der Eigenpersönlichkeit des Kindes wird demnach mit dem Bemühen verbunden, zur Entwicklung eines sozialen Verantwortungsgefühls beizutragen, um über das ‚Ich' den Weg zum ‚Wir' zu erreichen. Nicht zuletzt aufgrund dieser Verknüpfung sind die Einrichtungen wichtige und interessante Begegnungsorte für die Kinder: *„Hier muss das Kind seine Experimente und Erfahrungen machen, Begegnungen und Abenteuer erleben und die Soziabilität wiederfinden, die heute zunehmend eingeschränkt ist"* (Becchi 1985, S. 15).

Doch auch im Hinblick auf die Erwachsenen kommt den Krippen und Kindergärten in Reggio eine besondere Bedeutung zu. Sie geben die Möglichkeit zu vielfältigen und interessanten Kontakten zwischen jung und alt und helfen demzufolge vielen Familien, die Isoliertheit ihrer Kleinfamilie zu überwinden.

Schlusswort

Bei der Betrachtung der verschiedenen Elemente der Reggio-Pädagogik, ihrem Bild vom Kind, der Rolle der Erzieherin und der Einbeziehung der Familien in das pädagogische Geschehen der Kindereinrichtungen wird ein wesentliches und durchgängiges Prinzip dieser Konzeption deutlich. Die Anerkennung eines Menschen mit seiner jeweiligen Gesamtpersönlichkeit gilt für das Kind und wird in gleicher Weise auch auf Erzieherinnen, Eltern und Bürger der Stadt übertragen. Dies macht die Besonderheit der Reggio-Pädagogik aus: Sie vermittelt keine spezifischen Techniken zum ‚besseren' Umgang mit Kindern. Vielmehr zielt sie auf eine ganzheitliche Entwicklung der Kinder und auf ein Zusammenwirken von Kultur, Politik und erzieherischem Handeln. Zugleich zeigt die Reggio-Pädagogik, dass Bildung im Kindesalter sowohl kind- als auch leistungsorientiert sein kann.

„*Veränderungen im Kleinen haben auch Wirkungen auf das große Ganze.*" Dieser Satz von Loris Malaguzzi, entsprechend seinem Blick auf eine konkrete Utopie, könnte auch uns anregen, nicht nur die zahlreichen ‚Sachzwänge' – eine häufige Umschreibung für die Ohnmacht des guten Willens angesichts der schwierigen Realität – in der Kindererziehung zu betonen, sondern vielmehr einen optimistischen Blick auf ihre tatsächlichen Chancen und Möglichkeiten zu richten.

Glossar

appello: Morgendliche Begrüßung aller Kinder
asili infantili: Kinderheime
asili nido: Kommunale Krippen
asilo del populo: Volkskindergarten
casa dei bambini: Kinderhaus nach Maria Montessori
consiglio di gestione: Leitungsrat
consigli di circoscrizione: Übergeordnete Kommissionen
diari: Tagebücher
gestione sociale: Gemeinschaftliche Leitung, das heißt die Zusammenarbeit zwischen Eltern, Erzieherinnen und politischen Vertretern der Stadt
grandi: Kinder im Alter von 24–36 Monaten
incontri di sezione: Elternabende
lattanti: „Milchlinge"; Kinder im Alter von 3–9 Monaten
medi: Kinder im Alter von 18–24 Monaten
Opera Nazionale Ballida (ONB): „Nationalwerk Pimpf", faschistische Jugendorganisation
Opera Nazionale Maternità e Infanzia (ONMI): Faschistisches Hilfswerk für Mutter und Kind
piccoli: Kinder im Alter von 9–18 Monate
progettazione: Projektplan
regolamento: Konzeption
salone: Eingangsbereich
scuola dell'infanzia: „Schule der Kindheit": Die kommunalen Kindergärten werden in Reggio Emilia so genannt in Abgrenzung zur *scuola materna.*
scuola materna: „Mütterliche Schule", ein Begriff, der in Italien für Einrichtungen der 3- bis 6-jährigen Kinder verwendet wird.
sezioni: Altershomogene Gruppen
Unione nazionale educatrici d'infanzia (Unei): Gewerkschaft für Erzieherinnen

Literaturverzeichnis

Ainsworth, M. D. S. (1969). Object relations, dependency and attachment. A theoretical review of the infant-mother-relationship. In: Child Development, 40, S. 960–1027.

Ainsworth, M. D. S. (1978). Patterns of attachment. A pschological study of the strange situation. New York.

Andres, B. & Laewen, H.-J. (Hg.) (1993). Ich verstehe besser, was ich tue ... Erfahrungen mit einem Eingewöhnungsmodell. Berlin.

Ariès, Ph. (1975). Die Geschichte der Kindheit. München.

Assessorato Alle Scuole Dell' Infanzia E Nidi Comunali Di Reggio Emilia (Hg.) (1985). Mattone Su Mattone. Reggio Emilia.

Auster, P. (1990). Mond über Manhatten. New York.

Baacke, D. & Fracasso, I. (1992). Italienische Jugend. Weinheim.

Becchi, E. (1985). Pochi bambini in un mondo di adulti. Vortrag beim convegno internazionale in Reggio Emilia.

Berliner Extra Dienst (1976). Historische Wende in Italien, Heft 3.

Bezirksamt Schöneberg von Berlin, Abt. Jugend und Sport (Hg.) (1985). Dokumentation der Ausstellung und Fachtagung Reggio. Berlin.

Bloch, E. (1980). Das Prinzip Hoffnung. Bd. III. Frankfurt a. M.

Böhm, W. & Flores D'Arcais, G. (Hg.) (1979). Die italienische Pädagogik des 20. Jahrhunderts. Stuttgart.

Borelli, M. (1979). Politische Bildung in Italien. Revolution und Konterrevolution. Stuttgart.

Bowlby, J. (1978). Bindung – Eine Analyse der Mutter-Kind-Beziehung. München.

Brügel, E. (1992). Wirklichkeiten in Bildern – Über Aneignungsformen von Kindern. Fachtagung „Kinderkulturarbeit". Remscheid.

Bruner, J. S. (1987). Wir können eine Umwelt schaffen, die Kinder klug macht. In: Redaktion Psychologie Heute (Hg.). Klein sein, groß werden, Weinheim, S. 47–60.

Bruner, J. S. (1974). Lernen, Motivation und Curriculum. Frankfurt a. M.

Cagliari, P. (1985). La città – cos' è per il bambino? Vortrag beim convegno internazionale in Reggio Emilia.

Catarsi, E. (1983). Le radici sociali ed educative dell'infanzia. Liberalismo, cattolicesimo, socialismo di fronte al problema dell'educazione. In: Frabboni, F. (Hg.). La Scuola Incompiuta. Mailand.

Cavina, G. P., Ghendini, P. & Lupi, F. (1983). Genesi E Sviluppo Della Scuola Dell' Infanzia In Emilia Romagna. In: Frabboni, F. (Hg.). La Scuola Incompiuta. Mailand.

Ciari, B. (1973). La grande disadatta. Rom 1973.

Comune di Reggio Emilia (Hg.) (1980). Ieri e oggi nella storia di un nido. Reggio Emilia.

Comune di Reggio Emilia (Hg.) (1983). Regolamento degli Asili Nido e delle Scuole dell' Infanzia del Comune di Reggio Emilia. Reggio Emilia.

Comune di Reggio Emilia (Hg.) (1984). L'occhio se salta il muro. Katalog zur Ausstellung. Reggio Emilia.

Comune di Reggio Emilia (Hg.) (1985 bis 1991). Quaderni Reggiani. Cenni di storia. Reggio Emilia.

Comune di Reggio Emilia (Hg.) (1987). I Centi Linguaggi Dei Bambini. Reggio Emilia.

Comune di Reggio Emilia (Hg.) (1990). Tutto Ha Un' Ombra Meno Le Formiche. Reggio Emilia.

Consiglio Nazionale Dei Minori (Hg.) (1990). Secondo rapporto sulla condizione dei minori in Italia. Mailand.

DeMause, L. (Hg.) (1997). Hört ihr die Kinder weinen? Frankfurt a. M.

Dettling, W. (1993). CDU-Familienpolitik: Flucht aus der Mitte. In: Die Zeit, 09.04.1993

Dornes, M. (1993). Der kompetente Säugling. Frankfurt a. M.

Dreier, A. & Göhlich, M. (1987). Der Flirt zwischen Bär und Igel. In: päd extra/Dezember 1987, S. 36–39.

Dreier, A. (1992). Lernen – Wahrnehmen – Gestalten: Das Erziehungsmodell in Reggio Emilia/Italien und das Zusammenwirken von Kultur, Pädagogik und Politik. Fachtagung „Kinderkulturarbeit“. Remscheid.

Dreiske, H.-H. (1987). Ohne Netz. Gedichte zur Kindheit. Freiburg.

Ferrarotti, F. Betrachtungen über die Entwicklung des Marxismus in Italien, In: KZFS, Jg. 20, Heft 2, S. 205–222.

Filippini, T. (1991). Zum neuen Bild vom Kind. Fachtagung „Reggio“ in Hamburg-Reinsbek.

Fischer, K. G. (1970). Italien – Fakten, Analysen, Tendenzen des Bildungswesens. München.

Fischer, M. (1977). Italien. In: Boos-Nünning & Hohmann (Hg.). Ausländische Kinder. Düsseldorf.

Flores D’Arcais, G. et al. (1979–1985). Die historische Pädagogik in Europa und den USA. Veröffentlichungen der Historischen Kommission der Deutschen Gesellschaft für Erziehungswissenschaften. Stuttgart.

Flores D’Arcais, G. et al. (1980). Vorschulerziehung in Italien. In: Rass. Ped. Jg. 38, Heft 1/2, S. 22–28.

Frabboni, F. (1983). La Scuola Incompiuta. Mailand.

Frabboni, F. (1980). Asilo nido e scuola materna. Florenz.

Freire, P. (1990). Vortrag beim Convegno internazionale in Reggio Emilia.

Freud, A. (1982). Wege und Irrwege in der Kinderentwicklung. Stuttgart.

Frey, K. (1991). Die Projektmethode. Weinheim.

Ghendini, P. (1985). Il sapere degli educatori: L’aggiornamento permanente. In: Stare con i bambini – il sapere degli educatori. Bergamo. S. 26–35.

Gramsci, A. (1989). Das Prinzip der Einheitsschule. In: Böhm, W. et al. (Hg.). Die italienische Pädagogik des 20. Jahrhunderts. Stuttgart 1989. S. 192–197.

Grötzinger, W. (1984). Kinder kritzeln, zeichnen, malen. München.

Grosser-Stoeppler, F. (1988). Wenn das Auge über die Mauer springt. Video-Film über die Kindererziehung in Reggio Emilia. Hamburg.

Gruppo Nazionale Di Lavoro E Di Studio Sugli Asili Nido (1983). Asili Nido. Bergamo.

Harlander, T. (1979). Regionale Entwicklungspolitik in der Emilia Romagna. Frankfurt a. M.

Harms, G. & Preissing, C. (Hg.) (1988). Kinderalltag. Berlin.

Hengst, H. (Hg.) (1985). Kindheit in Europa. Frankfurt a. M.

Hermann, G. & al. (1987). Das Auge schläft, bis es der Geist mit einer Frage weckt. Berlin.

Herzberg, I. & Nissen, U. (1983). Erzieherausbildung in sechs europäischen Ländern. München.

Hofmann, J. (1991). Pädagogik in der DDR auf dem Weg zu einer Theorie der Erziehung und Bildung. In: D. Benner & D. Lenzen (Hg.). Erziehung, Bildung, Normativität. Weinheim. S. 29–40.

Jacoby, H. (1987). Jenseits von begabt und unbegabt. Hamburg.

Jäggi, M., Müller, R. & Schmid, S. (1976). Das rote Bologna. Kommunisten demokratisieren eine Stadt im kapitalistischen Westen. Zürich.

Jank, W. & Meyer, H. (1991). Didaktische Modelle. Frankfurt a. M.

Jens, W. (1993). Und bleibe, was ich bin: ein Scheiß-Liberaler. In: Die Zeit, Nr. 10.

Kemper, H. (1990). Erziehung als Dialog. Weinheim.

Kokigei, M. & Teigeler, U. (1991). Wie entsteht eine Konzeption? Senatsverwaltung für Jungend und Familie, Haus am Rupenhorn. Berlin.

Korczak. J. (1979). Wie man ein Kind lieben soll. Göttingen.

Krippe G. Rodari (1986). Konzeption (unveröffentl.). Reggio Emilia.

Laewen, H.-J., Andres, B. & Hédervári, É. (2003). Die ersten Tage – ein Modell der Eingewöhnungssituation von Kindern in Krippen. Weinheim.

Laewen, H. J., Andres, B. & Hédervári, É. (1992). Auf dem Weg zu einer neuen Kleinkindpädagogik. In: Ministerium für Bildung, Jugend und Sport des Landes Brandenburg (Hg.). Kita-Debatte, 2. Berlin.

Lauff, W. (1988). Über die Vernachlässigung des Kindes in der Erziehung. In: Spanhel & Hotamanidis (Hg.). Die Zukunft der Kindheit, Weinheim. S. 47–57.

Lewis, M. & Rosenblum, L. A. (Eds.) (1975). Friendship and peer relations. New York.

Malaguzzi, L. (1981/82). La storia incompiuta degli asili nido a dieci anni della legge 1044. In: Zerosei, No. 1.

Malaguzzi, L. (1984a). 16 Thesen zum pädagogischen Konzept. Berlin.

Malaguzzi, L. (1984b). La gestione sociale. Significati e Finalità. Reggio Emilia.

Malaguzzi, L. (1984c). Questioni calde del nido. In: Il posto dell' infanzia – L'esperienza educativa dentro il nido. Bergamo.

Malaguzzi, L. (1985). Per una pedagogia della visione. Eröffnungsvortrag des Convegno internazionale in Reggio Emilia.

Malaguzzi, L. (1987). „Dieses Land gehört mir nicht" – Im Gespräch mit Loris Malaguzzi über die Reggio-Pädagogik. In: päd extra. Juni 1987, S. 9–16.

Malaguzzi, L. (1990). Convegno internazionale di studio. Eröffnungsvortrag. Reggio Emilia.

Malaguzzi, L. (1992). Wenn das Auge über die Mauer springt. In: Senatsverwaltung für Jugend und Familie (Hg.). Hundert Sprachen hat das Kind. Berlin.

Mantovani, S. & Musatti, T. (Hg.) (1983a). Adulti e bambini – educare e comunicare. Bergamo.

Mantovani, S. & Musatti, T. (1983b). Bambini al nido. Gioco, comunicazione e rapporti affettivi. Bergamo.

Mayrhofer, H. & Zacharias, W. (1977). Projektbuch ästhetisches Lernen. Hamburg.

Margiotta, U. (1985). Vorschulerziehung (Italien). In: Zimmer, J. (Hg.) Erziehung in früher Kindheit. Bd. 6 der Enzyklopädie Erziehungswissenschaft (Hg. von D. Lenzen), Stuttgart.

Mead, G. H. (1969/1973). Geist, Identität und Gesellschaft. Frankfurt a. M.

Montessori, M. (1980). Kinder sind anders. Stuttgart.

Montessori, M. (1909). Il metodo della pedagogia scientifica applicato alla educazione infantile nelle case dei bambini. Rom.

Mueller, E. & Vandell, D. (1978). Infant-Infant Interaction. In: Osofsky, J. D. (Ed.). Handbook of Infant Development. New York.

Musso, E. S. (1980). Codice di diritto regionale comunale. Krippengesetz No. 1044, 1971. Bologna.

Nido Comunale G. Rodari (Hg.) (1991). I Piccolissimi Del Cinema Muto. Reggio Emilia.

Nironi, C. (1980). Le Dipendenti Comunali In Prima Fila Nella Lotta Per L'Apertura Del Nido. In: Comune di Reggio Emilia (Hg.). Ieri e oggi nella storia di un nido. Reggio Emilia, S. 18–20.

Piaget, J. (1974). Psychologie der Intelligenz. München.

Piaget, J. (1975). Das Erwachen der Intelligenz beim Kinde. Stuttgart.

Piaget, J. & Inhelder, B. (1977). Die Psychologie des Kindes. Stuttgart.

Piaget, J. (1981). Das Weltbild des Kindes. Frankfurt a. M.

Pikler, E. (1985). Friedliche Babys – Zufriedene Mütter. Freiburg.

Postman, N. (1983). Das Verschwinden der Kindheit. Frankfurt a. M.

Programm für die Erziehungsarbeit in Kinderkrippen (1985). Berlin-Ost.

Rauh, H. (1982). Frühe Kindheit. In: Oerter, R. & Montada, L. (Hg.). Entwicklungspsychologie. München.

Redaktion Psychologie Heute (Hg.) (1987). Klein sein, groß werden. Weinheim.

Rinaldi, C. (1983). Partecipazione come comunicazione. In: Il bambino di fronte ad una famiglia e ad una società che cambiano. Bergamo. S. 186–191.

Rinaldi, C. (1984). Per un progetto educativo integrato. in: Il posto dell'infanzia – L'esperienza educativa dentro il nido. Bergamo. S. 212–221.

Rinaldi, C. (1985). L'elaborazione comunitaria del progetto educativo. In: Stare con i bambini – Il sapere degli educatori, Bergamo. S. 176–189.

Rinaldi, C. (1992). Relazione all'assemblea del personale (unveröff. Manuskript), Reggio Emilia.

Rubenstein, J. & Howes, C. (1981). A two-year follow-up of infants in community-based day-care. In: Journal of Child Psychology and Psychiatry. Vol. 22, No. 3, S. 209–218.

Schneider, K. (1990). Krippenbilder. Berlin.

Schmidt, H.-D. (1991). Das Bild vom Kind und seine pädagogischen Funktionen. Berlin.

Scholz, R. (1992). Beiträge des Sachunterrichts zur Theorie und Praxis der gegenwärtigen und zukünftigen Grundschule. Vortrag an der Hochschule der Künste. Berlin.

Scuola dell' infanzia „8. Marzo“ (1990). Libro delle ‚condizioni‘ per giocare, per far meglioi disegni, per venire in

questa scuola, gewidmet den dreijährigen neuen Kindern von den Fünfjährigen des Kindergartens. Hg. vom Kita-Beraterteam Kreuzberg, übers. von A. Dreier. Berlin.
Spaggiari, S. (1983). Dalla famiglia alle famiglie: trasformazioni e tendenze. In: Il bambino di fronte ad una famiglia e ad una società che cambinao. Bergamo. S. 105–110.
Spaggiari, S. (1984). Instanze di rinnovamento nella gestione sociale. In: Il posto dell'infanzia – L'esperienza educativa dentro il nido. Bergamo. S. 95–98.
Spaggiari, S. (1990). Eröffnungsvortrag. Convegno internazionale in Reggio Emilia.
Spanhel, D. & Hotamanidis, S. (Hg.) (1988). Die Zukunft der Kindheit. Weinheim.
S.T.E.R.N. (Hg.) (1987). Kindertagesstätten in Kreuzberg – Räume für Kinder. Berlin.
Trotter, R.J. (1987). Babies sind klüger. In: Redaktion Psychologie Heute (Hg.). Klein sein, groß werden. Weinheim. S. 7–32.
Vernon, M.D. (1974). Wahrnehmung und Erfahrung. Köln.
Zimmer, J. (1985). Der Situationsansatz als Bezugsrahmen der Kindergartenreform. In: Zimmer, J. (Hg.). Erziehung in früher Kindheit. Bd. 6 der Enzyklopädie Erziehungswissenschaft (Hg. von D. Lenzen). Stuttgart.
Zimmer, J. (1986). Die vermauerte Kindheit. Weinheim.

Im Text wurden Aussagen von Mitarbeiterinnen und Eltern der Krippen *G. Rodari* und *Arcobaleno* und des Kindergartens *Diana* in Reggio sowie der Leiterin einer Kindertageseinrichtung in Osterwieck verwendet. Diese Aussagen aus den Jahren 1985–1992 sind unveröffentlicht.

Bücher von Reggio Children (Hrsg.)

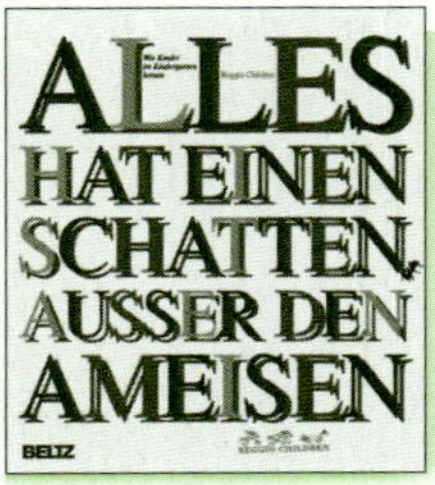

Kinder begegnen dem Schatten.
Sie machen unglaubliche Entdeckungen, stellen kühne Vermutungen an, sprechen Zweifel aus, entwickeln eigenwillige Deutungen und sprechen über Ahnungen zum außergewöhnlichen Phänomen des Schattens: »Der Schatten ist wie ein Abend, der kommt, wenn die Sonne scheint.«

Alles hat einen Schatten außer den Ameisen
Wie Kinder im Kindergarten lernen
2002. 92 Seiten mit über 200 Abbildungen.
Kartoniert.
€ 17,90 D / sFr 32,50
ISBN 3-407-56168-7

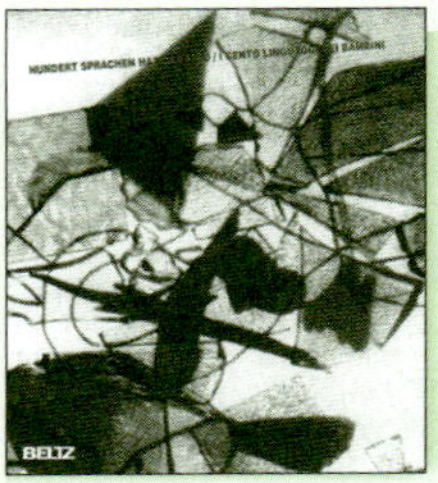

Weltweit Anerkennung hat die Ausstellung »Hundert Sprachen hat das Kind« gefunden, in der Erfahrungen und Arbeitsergebnisse der Kindergärten und Krippen von Reggio Emilia vorgestellt wurden. Das gleichnamige Begleitbuch stellt mit beeindruckenden Bildern und Texten die Philosophie dieses pädagogischen Konzeptes vor und dokumentiert eine Auswahl der besten Praxisprojekte. Inhalte sind z.B.:

- Die Stadt im Regen
- Kinder und Computer
- Das Unsichtbare sehen

Hundert Sprachen hat das Kind
Die deutsch-italienische Originalausgabe zur Ausstellung
2001. 216 Seiten mit fast 400 Abbildungen.
Kartoniert.
€ 29,90 D / sFr 52,90
ISBN 3-407-56169-5

Wie lernen Kinder wesentliche, aber unsichtbare Dinge wie Maße und Zahlen?
Erleben Sie eine neue Art kindlicher Bil-dungsprozesse, die das Unsichtbare sichtbar macht.
Aus dem Inhalt:

- Die Unsichtbarkeit des Wesentlichen
- Das Abenteuer Erkenntnis
- Ein Maß für Freundschaft

Schuh und Meter
Wie Kinder im Kindergarten lernen
2002. 108 Seiten.
Kartoniert.
€ 17,90 D / sFr 32,50
ISBN 3-407-56201-2

www.beltz.de

BELTZ